세계적인 히트상품 개발자 8인의 성공사례집

아이디어는
재능이 아니다

아이디어는
재능에서 나오는 것이 아니다

'아이디어는 재능에서 나오는 것이 아니다.'

이 책에 등장하는 유명한 기업의 프로젝트 리더들이 입을 모아 하는 말입니다. 창조적인 분야에서 일하는 프로젝트의 리더들은 한결같이 자신의 재능을 부정합니다.

타고난 재능이 있다고 아이디어를 내는 것이 아닙니다. 발상법을 바꾸거나 조금만 훈련을 하면 멋진 아이디어를 내는 것이 가능합니다.

이 책은 기업에서 신상품을 만들거나 새로운 사업을 기획하는 프로젝트 리더들의 이야기를 바탕으로 구성했습니다. 이 책의 특징은 일선에서 실제로 상품이나 사업, 서비스를 구상해낸 사람들이 어떻게 아이디어를 이끌어냈는가가 담겨 있다는 점입니다. 이 책은 광고회사의 크리에이티브 디렉터나 광고 카피라이터가 쓴 책이 아닙니다. 홍보 기법을 알려주거나 광고 카피를 고안하는 방법을 다룬 책도 아닙니다.

이 책은 일본 산토리, 세가, 카오, 와코루, 마쓰이 증권, 크리나프, 디지털 포레스트, 가루비 등 내로라하는 유명기업에서 상품을 개발, 설계하거나 리뉴얼하는 등의 신사업 프로젝트를 담당해온 사람들이 실제로 아이디어를 생각해내는 방법에 주목하고 있습니다.

결론부터 이야기하자면, 이 책에 나오는 프로젝트 리더들은 게임이나 화장품, 음료수, 과자 또는 인터넷 서비스 등 저마다 분야는 다르지만 모두 같은 생각을 하고 있습니다. 이 사실은 저에게 놀라움으로 다가왔고 더불어 희망을 주었습니다.

'타고난 재능이 있는 게 아니더라도 방법을 배우고 익힌다면 어떠한 분야에서든 아이디어를 낼 수 있다!'

화장품회사, 게임회사, 주방가구 제조업체, 음료회사, IT 벤처기업 등 다양한 업종에서 창조적이고 기발한 상품과 서비스를 만들어내는 사람들이 그것을 창조하고 개발해내는 과정은 같으며, 재능이 아니라 방법을 알면 성과를 낼 수 있다는 사실을 이 책에서 이야기하고자 합니다.

창조적인 일을 하기 위한 원칙은 마지막 장에 정리했습니다. 먼저 1장에서 구체적으로 아이디어를 고안한 사례를 통해 간접적으로 체험해보시길 바랍니다.

1장은 제가 생활용품 전문회사 카오에서 화장품을 만들 때 생각한 아이디어입니다. 카오에 있던 시절은 저로서는 가장 힘들게 일했던 시기이기도 합니다.

2장은 제과회사 가루비의 '자가리코' 브랜드 매니저가 이 상품을 소비자들에게 좀 더 어필하기 위해 실행한 아이디어입니다. 기업 입장에서는 떠오른 아이디어를 발전시켜 소비자들에게 사랑받는 브랜드로 만들어나가기 위한 아이디어도 필요합니다.

3장은 아이디어의 결정체라 할 수 있는 게임 개발에 관한 이야기입니다. 게임회사 세가에서 오랫동안 프로젝트를 이끌었던 열정적인 팀장이 들려준 내용으로, 팀 회의를 통해 나온 아이디어를 현실화하는 비결이 숨겨져 있습니다.

4장에서는 마쓰이 증권 신상품 개발 담당 부장이 들려준 이야기로, 인터넷 서비스 신규사업 설계에 쓰인 역발상법을 구체적으로 다루었습니다. 야간에 데이 트레이딩을 한다는 아이디어입니다.

5장은 산토리의 대표 상품인 '산토리 우롱차'의 브랜드 매니저가 겪은 사례입니다. 페트병을 디자인하기 위한 아이디어를 소개하고 있습니다. 평소에 별 생각 없이 들고 있던 페트병이 어떻게 탄생했는지 그 뿌리를 파헤치며 발상의 기술을 배우게 될 것입니다.

6장은 남자사원이 여성용품을 만든 사례입니다. 이너웨어 브랜드 와코루의 남자사원이 생각한 여성용 속옷 신제품에 관한 아이디어입니다. 자신은 써본 적 없는 브래지어를 만들 때 어떤 점에 주목했을까요? 그 남자사원의 관점에 저도 모르게 "아, 역시!" 하는 감탄사가 절로 나올 정도입니다.

7장에서는 액센추어라는 컨설팅 회사에서 벤처기업으로 막 이직한 사원이 갑자기 사장의 명령으로 신사업 개발을 담당하게 되었을 때의 사례를 소개하고 있습니다. 젊은 사원이 불과 몇 개월 만에 신사업을 개발해 궤도에 올릴 수 있는 아이디어를 내고 실행하는 포인트를 직접 확인해보시기 바랍니다.

8장에서는 디자이너가 갑자기 프로젝트 리더로 발탁된 후 이전까지 세상에 존재하지 않았던 새로운 주방가구를 탄생시키는 이야기입니다.

마지막 장에서는 지금까지 열거한 방법들에 대해 정리했습니다. 독자 여러분이 아이디어를 내실 때 참고가 되기를 바랍니다.

그림의 떡이 아니라 실제로 사람들이 먹고 싶어 하는 떡, 사람들이 원하는 상품이나 서비스를 만들어내고 그 분야에서 확실하게 결과를 남긴 사람들은 재능에 의지하지 않고 자신의 경험을 통해서 아이디어를 내는 방법을 터득해왔습니다.

이 책은 독자 여러분들이 간접적으로 경험할 수 있도록 구성되어 있습니다. 업종이나 상품, 서비스 등 분야는 다르지만 기본은 같아 실생활에 적용할 수 있을 것이라고 확신합니다. 재능에 의지하는 것이 아니라 스스로 지혜를 짜냄으로써 좋은 상품을 만들어내는 데 이 책이 도움이 될 수 있기를 바랍니다.

지은이 미사키 에이치로

contents

3 자유로운 팀플레이에서 아이디어가 솟는다
아이디어 싱크 탱크, 게임회사 세가

contents

6 문제의식에서 번뜩이는 아이디어가 나온다
분석과 역발상, 여성 속옷 와코루

contents

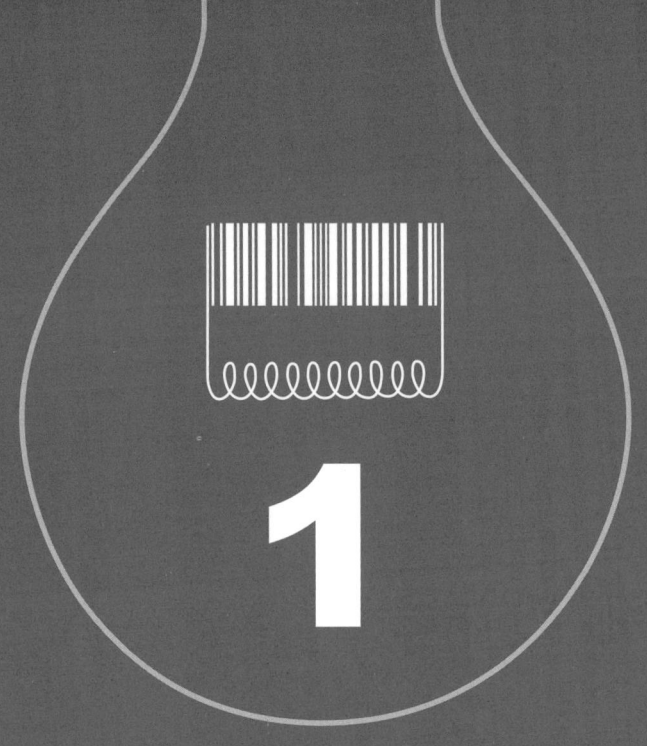

1

명확한 목표가
아이디어를 이끈다

'美'를 과학으로 계량화, 소피나 파인핏 파운데이션

남자에게 맡겨진
여성 화장품 개발 프로젝트

첫 사례로 화장품회사 카오에 근무하던 시절, 남성인 내가 어떻게 여성용 화장품에 대한 아이디어를 얻었는지 이야기해보겠다.

나는 1996년에 카오의 생산기술연구소에 입사했다. 대학교 전공은 화학공학으로, 입사 당시에는 분체 프로세스를 다루는 부서에 배속되었다. 가루 제품을 만드는 것이 나의 업무였다. 그곳에서 나는 효소나 표백제같이 세제 안에 들어 있는 '알갱이'를 만드는 연구와 세제 개발을 담당했다.

대학에서는 분체공학, 정확히 말하자면 가루약을 연구했다. 약이 세제로 바뀌었을 뿐 알갱이를 녹인다는 점에서는 같은 일이라고 생각했다. 단지 위산에 녹느냐 물에 녹느냐가 다를 뿐이었다. 덕분에 업무에 적응하는 것은 어렵지 않았다. 그 후 화장품 연구소로 이동하면서 화장품 개발을 맡게 되었다. 전부터 부가가치가 높은 화장품 개발을 해보고 싶었는데 실제로 일을 해보니 어려운 점이 많았다.

당시 나는 파운데이션 같은 파우더 제품을 담당했다. 같은 파우더(가루)라는 점에서 업무를 이해하는 것은 어렵지 않았다. 문제는 따로 있었다.

세제는 '의류가 깨끗해지는 것', 다시 말해 더러워진 천을 하얗게 만드는 것이니 나 같은 남자라도 이해할 수 있다. 그러나 화장품의 가치는 '여성이 아름다워지는 것'이다. 솔직히 처음에는 '여성이 아름다워지는 것'을 이해하기 어려웠다.

생소한 분야이긴 했지만 경력도 있었던 만큼 좋은 성과를 내고 싶었다. 하지만 어떻게 하면 좋을지 고민이 됐다.

모르는 분야일수록 감각보다 데이터를 읽어라

처음에는 갈피를 잡을 수 없을 정도로 모르는 것투성이였다. 그러나 몇 년 후에는 유명 배우 칸노 미호를 광고 모델로 한 '소피나 파인핏'이라는 제품을 성공적으로 탄생시켰다. 제품 개발을 전후로 방송이나 잡지 등에서 취재 요청이 물밀듯이 들어올 정도로 인기를 끌었다.

내게 상품을 만드는 타고난 재능이 있었던 것은 아니다. 지금에 와서 돌이켜보면 생각하는 방법이나 일하는 방식을 끊임없이 고민했던 게 비결이라면 비결이었던 것 같다. 남자인 내가 여성용 제품을 만들 수 있었던 것도 행운이었다는 생각이 든다.

나는 파운데이션을 바르지도 않거니와 화장도 하지 않기 때문에 감각에 의지하기보다는 데이터를 읽어내려고 했다. 다른 사람들도 나와 동일한 데이터를 볼 수는 있었지만 내 경우는 포인트를 잘 잡았을 뿐이다. 여기서는 포인트를 잡아냈던 그 비결을 소개하고자 한다.

6장에서는 나처럼 여성용 상품을 담당했던 와코루 직원 쿠도 겐 씨의 사례를 다루었다. 자신은 사용한 적도 없고 사용할 수도 없는 상품을 담당할 때, 아이디어를 얻는 포인트로서 참고가 될 것이다.

목표에 대한 발상을 '이해할 수 있는 것'으로 바꾸다

목표를 설정하지 않으면 상품을 만드는 것은 물론이고 아이디어를 내는 것조차 불가능하다. 우리는 흔히 "좋은 상품을 만들자"거나, "좋은 아이디어를 내자"는 식의 이야기를 하지만, 이렇게 애매한 목표는 없는 것이나 마찬가지다. 목표가 없으면 일이 진행되지 않는다. 그런 점에서 목표를 설정하기 위한 아이디어가 필요한 경우도 있다.

앞서 말했듯이 여성용 화장품의 가치는 '여성이 아름다워지는 것'에 있다. 이것은 화장품이 지향하는 목표이기도 하다. 그러나 나는 '여성이 아름다워지는 것'이라는 목표를 이해할 수 없었다. 그래서 내가 처음 한 일은 목표에 대한 발상을 바꾼 것이다. '이해할 수 없는 것'을 '이해할 수 있는 것'으로 바꾸었던 것이다.

먼저, 과거에 실시한 제품 설문조사 결과를 꼼꼼히 읽어봤다. 고객이 좋다고 평가한 제품이 실제로도 좋은 제품일 것이라는 단순한 생각에서였다.

설문조사 결과를 읽고 나서 도움이 된 점도 있었지만 완전히 이해가 된 것은 아니었다. 설문지에서 이해할 수 있었던 것은 '친구에게 칭찬받았다'라든가, '딸한테서 예뻐졌다는 말을 들었다'는 평가였다.

설문지에는 '예뻐졌다'거나 '칭찬받았다'는 평가 외에도 '번들거리지 않게 마무리되어 좋았다'거나 '윤기 나는 점이 좋았다', '발림성이 좋았다' 등 여러 의견이 있었다. 하지만 애당초 가루일 뿐인데 발림성이 좋다거나 윤기가 난다는 개념 자체가 나로서는 이해되지 않았다.

무엇보다 나에게는 화장품 개발에 있어서 필수적인 시각적 경험이 없다는 것이 가장 큰 문제였다. 2장에 나오는 가루비 회사의 야나이 히데마사 씨는 미각이 뛰어난 데다가 식품회사에서 상품 개발을 담당했기 때문에 경험이라는 점에서는 나보다 유리할 수밖에 없었다.

내가 유일하게 이해할 수 있었던 표현은 '칭찬받았다'는 키워드였다. 이 키워드를 발견하고 다시 설문지를 읽어봤더니 타인에게 칭찬받은 사람들은 모두 그 제품의 평가를 만점으로 표시했다. '자신이 아닌 타인의 평가가 중요하구나' 하는 사실이 첫 번째 힌트가 되었다. 사실 내가 이해할 수 있는 것은 그것밖에 없었다.

중요한 것은 '美'에 대한 평가 기준을 결정하는 것

평가를 위해서는 가능하면 어떤 데이터든 수치화하는 것이 좋다. 하지만 아름다움은 숫자로 매길 수 없다. 마찬가지로 칭찬이라는 것도 수치로 나타낼 수 없다. 그렇기 때문에 뭔가 가시적인 측정치로 변환할 필요가 있었다. 기존의 제품과 차별화할 수 있는 구체적인 발상법이 있을 것 같은 생각이 들었다.

세제의 경우는 더러운 천을 빨아 깨끗해진 정도를 측정해서 세정력을 수치화할 수 있다. 하지만 화장품은 미인선발대회라도 열지 않는 한 화장품이 주는 아름다움을 평가할 수 없다.

여기에 문제가 있었다. 신제품에 대한 타인의 평가가 중요하다고 하는데 애당초 나는 아름다움을 평가할 능력이 없었다. 주위 동료나 선배들은 경험을 쌓다보면 할 수 있다고 했지만 왠지 마음이 조급해졌다. 그래서 내 안목에 의지하지 않고 평가하는 방법을 연구하기 시작했다.

다른 사람들이 미처 생각하지 못한 방향에서 일을 계획하면 획기적인 아이디어가 나오기 쉽다. 그것이 당시 내가 파악한 방법론이었다. 거꾸로 생각한다는 발상은 4장 마쓰이증권의 와타나베 마사시나 7장 디지털 포레스트의 시미즈 마사히로도 실천하던 방법이다.

나는 화장품에 대한 평가를 '개발자가 하는 것'이 아니라, '개발자가 하지 않는 것'으로 바꾸어보기로 했다. 그렇게 하려면 나 대신 제대로 평가할 수 있는 사람을 찾아야 했다. '그래, 동료나 선배에게 맡겨보자'. 그때부터 동료와 선배의 평가능력을 은밀히 조사했다.

보통 화장품을 평가할 때는 '하프 페이스(Half face)'라고 해서 얼굴 한쪽에는 A 제품을, 다른 쪽에는 B 제품을 바르고 어느 제품이 더 좋은지 평가한다. 이 실험을 하는 척하면서 동료와 선배의 평가능력을 조사했다.

분명하게 차이가 나는 A와 B를 사용해서 그 차이를 구분할 수 있는지 살펴봤다. 이 실험으로 나 말고도 평가가 불가능한 사람이 있다는 사실을 알 수 있었다. 덕분에 조금이나마 용기를 얻었다.

재미있는 점은 모공을 수축시키는 스킨케어 제품을 만드는 사람은 모공 크기를 세심하게 체크했고, 색에 대해 엄격한 사람은 좌우 색 차이를 민감하게 알아차린다는 사실이었다. 업무가 그 사람의 시각적 평가 감도를 높여줬던 것이다.

이때 만든 평가자 명단 덕분에 나 자신의 평가는 제쳐두고 타인의 안목에 의지해 자신감을 갖고 상품을 개발했다. 상품의 성능을 꼼꼼히 체크하고 비교하면서 '이 상품에 대한 평가는 이 사람이 적격이다'라는 판단을 내릴 수 있었고, 차츰 경험이 쌓이면서 나중에는 나 스스로도 상품 평가를 할 수 있게 되었다. 그렇지만 돌다리도 두드려보는 심정으로 안목 있는 전문가 두세 명의 평가를 늘 크로스 체크하곤 했다. 이렇게 함으로써 안심하고 상품을 만들 수 있었다.

사실 타인을 통한 크로스 체킹은 카오에서 일반적으로 쓰는 평가 방법이 아니다. 초보였던 내가 고육지책으로 짜낸 방법이었기 때문에 카오를 그만둔 지금에서야 비로소 털어놓는 것이다. 카오에 다닐 때는 이런 이야기를 주변 사람들에게 한 적이 전혀 없을 뿐더러 회사 측에서는 이런 식으로 상품을 개발하는 것을 권장하지도 않았다. 카오에서 필요로 하는 것은 고객에게 도움이 되느냐 하는 것과 연구로서 흥미로운가 하는 것이었다. 연구 자체가 흥미롭지 못하다면 설사 고객에게 도움이 되더라도 카오에서는 평가받기 어려웠을 것이다. 회사에서 인정받을 수 있는 스토리를 만들기 위해서는 연구 자체가 흥미로운 시도가 되도록 하는 아이디어도 필요하다.

상품 개발을 하면서 나타난 여러 가지 제약조건들을 정리하면 다음과 같다.

•• 개발상의 제약조건

① 화장품을 평가할 줄 모르는 내가 담당자다.
② '아름다움'을 '타인에게 칭찬받는다'는 구체적인 목표로 생각한다.
③ 연구 자체가 흥미로운 시도가 되도록 한다.
④ 상품으로서 가치를 지니도록 한다.
⑤ 타인의 평가를 토대로 한 설계를 구상한다.

문제 해결 노력에서 얻은 아이디어, '다시점 화상 해석 시스템'

타인의 잣대로 평가하려고 하니 일반적인 화장품 평가로는 해결하기 어려운 문제점이 발생했다.

화장품은 화장을 한 여성의 얼굴이 필요하다. 그것이 없으면 평가 자체가 불가능하다. 그렇다고 화장을 한 모델을 몇 시간씩이나 잡아둘 순 없다. 그래서 평가할 때 한꺼번에 많은 사람들이 보게 한다거나, 단시간에 마칠 수 있도록 평가하는 사람들의 순서를 정해두는 등 신중하게 계획하고 나서 평가를 시작해야 한다.

여기에 힌트가 있지 않을까 생각했다. 그렇다면 사진을 찍어서 여성의 얼굴을 기록하는 것은 어떨까? 타인으로부터 가능한 한 많은 평가를 받기 위해서 사진으로 기록해두면 된다는 것, 그것이 최초의 단순한 착상이었다. 이 착상에서 출발해 결국 '다시점 화상 해석 시스템'이 개발된 것이다. 덕분에 엄청난 작업을 하게 되었다.

그에 따라 카오 스킨케어 연구소의 가공 프로세스 개발실에서는 상하좌우에 20대의 카메라와 50대의 조명으로 얼굴을 다양한 빛 조건에서 동시에 20시점으로 촬영할 수 있고 그 화상을 광학적으로 정량 평가할 수 있는 '다시점 화상 해석 시스템'을 개발했다. 다시점 화상 해석 시스템은 수많은 언론으로부터 집중 조명을 받았다.

종전까지는 화장 전의 모습과 화장 후의 모습을 비교하려고 해도 거울

•• 다시점 화상 해석 시스템의 구성도

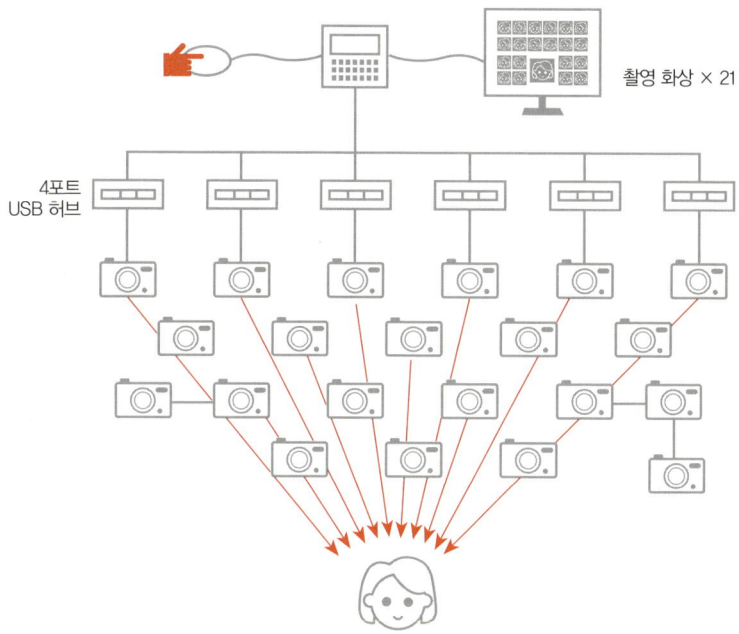

촬영 화상 × 21

4포트
USB 허브

에 정면으로 비친 모습밖에는 볼 수 없었다. 그 때문에 타인이 바라보는 모

습이나 비스듬히 보이는 얼굴에 대해 정확하게 평가할 수 없었다. 그러나

다시점 화상 해석 시스템으로 그런 것들이 가능해졌다. 그 장점을 열거하

면 다음과 같다.

　① 얼굴의 정면뿐 아니라 옆면이나 비스듬한 면 등 다양한 각도에서 본

자연스런 상태의 얼굴 화상을 얻을 수 있다. 따라서 화장의 완성도나 민낯이 타인에게 어떻게 보여지는지 평가받을 수 있다.

② 실내외의 다양한 빛 조건을 컨트롤함으로써 보는 각도에 따라 피부에 어떤 미묘한 변화가 있는지, 그것이 얼굴 전체의 아름다움과 인상에 어떤 영향을 끼치는지 평가할 수 있다.

③ 촬영한 화상을 색상, 명도, 반사와 산란 등으로 구분해 광학적으로 수치화하고 시각화함으로써 화상을 해석하고, 화장의 완성도와 피부의 아름다움을 평가할 수 있다.

단순한 아이디어를 구체화하다

아이디어는 내가 냈지만 진행 과정에서 많은 사람들의 조언을 들어가며 단순했던 아이디어를 구체화시켰다.

타인의 시선으로는 다양한 각도에서 내가 볼 수 없는 나의 모습을 볼 수 있다. 바꿔 말하면 정면에서 찍은 사진 한 장으로는 화장품을 제대로 평가하기 어렵다. 그래서 한 대가 아닌 여러 대의 카메라가 필요했다.

처음에는 수동으로 카메라를 움직이는 기계를 만들어 시도해보았다. 하지만 조작을 능숙하게 하더라도 촬영하는 데 5분 가까이 걸렸다. 이런 식으로는 5분 동안 조금도 움직여서도 안 되고 모델 역시 계속 같은 표정을 짓고 있어야만 했다. 한 대의 카메라로 찍는 것은 무리일 수밖에 없었다.

결국 여러 대의 카메라로 촬영해야 한다는 결론에 이르렀다.

여기서 또 다른 문제가 발생했다. 모든 카메라의 셔터를 동시에 눌러야 한다는 것이다. 연예인 기자회견에서처럼 여러 대의 카메라를 죽 늘어세울 수는 있지만 셔터를 동시에 누를 수는 없다. 우리의 목적은 측정에 있기 때문에 동시에 셔터를 눌러야 했는데, 시판되는 카메라에는 그런 기능이 없었다.

비디오카메라로 촬영하면 작동 시간을 일치시킬 수는 있다. 하지만 HD 카메라는 해상도가 낮아서 적합하지 않았다. 어찌 됐든 고해상도의 디지털 카메라를 사용해 동시에 셔터를 누르는 작업이 필요했다.

단순한 아이디어를 구체화하기 위해서는 계속해서 과제를 해결하기 위한 아이디어가 필요했다. 중요한 것은 여러 대의 카메라를 컨트롤할 수 있는 아이디어였다. 하지만 팀원끼리 아무리 머리를 짜내도 해답이 나오지 않았다.

그때 우연히 다른 용건으로 우리 개발실을 찾아온 영업사원에게 의견을 물었더니 그가 프로그램 기술자를 소개해주었다. 그 기술자에게서 여러 대의 카메라를 한꺼번에 작동시킬 수 있는 아이디어를 얻었다.

솔직히 나는 전혀 모르는 분야라 필요사항을 전달하기만 했을 뿐이다. 카메라에 대해서는 문외한이었지만 어떻게든 이 일을 꼭 해내고 싶다는 의지가 있었다.

나는 프로젝트를 진행하면서 아이디어가 고갈될 때는 이처럼 다른 사람들의 도움을 받고 그들로부터 아이디어를 얻곤 했다.

따지고 보면 내가 달성한 프로젝트는 타고난 재능으로 아이디어를 내서 이루어낸 것이 아니다. 내게 있었던 것은 오직 열정뿐이었다. 방법을 알면 일이 훨씬 빨라질 수 있었을 텐데, 지금 생각해보니 아무것도 몰랐기 때문에 방법을 찾느라 시간이 더 걸렸던 것 같다.

명확한 목표가 아이디어를 이끈다

영업사원에게서 소개받은 사람은 니콘 카메라의 소프트웨어를 만드는 니콘시스템이라는 회사의 기술자였다. 그는 일안(一眼) 리플렉스 카메라라면 동시에 여러 대의 카메라를 컨트롤할 수 있다고 알려주었다.

실제로 해보니 여러 대의 카메라가 접속되어 있다는 것을 컴퓨터가 인식하지 못하는 문제점이 드러났다. USB 기기의 번호를 같은 카메라로 인식해버렸기 때문이다. 시작부터 난관에 봉착했다. 확실히 마이크로소프트나 니콘시스템은 이런 식으로 컴퓨터와 카메라를 사용하리라고는 예상하지 못했을 것이다. 지금까지는 컴퓨터 한 대에 카메라 한 대씩만 연결하면 되었기 때문이다.

곤란해하던 참에 니콘시스템의 기술자가 아이디어를 제안했다. 카메라마다 각각의 사진 파일을 넣어두고 그 사진 파일을 맨 먼저 검색해서 어느 카메라인지 파악하자는 것이었다. 샘플 파일이 카메라 메모리에 들어 있는 것을 이용해서 카메라를 찾아내는 것이다.

말은 간단했지만, 실제로는 여러 대를 컨트롤하도록 설계되지 않은 카메라를 억지로 인식하게 하는 것이기 때문에 쉬운 일이 아니었다. 하지만 그 카메라 관련 프로젝트는 니콘시스템 내에서 어렵사리 아이디어를 내서 해결해준 것이었다. 알게 모르게 여러 곳에서 많은 아이디어가 필요했다.

20대의 카메라를 연결하려고 보니 이번에는 그렇게 많은 카메라를 연결할 USB 포트가 없다는 것을 깨닫게 되었다. 하는 수 없이 아키하바라 전자상가를 찾아갔다. 그때부터 전자상가에 수없이 드나들며 그 분야에 해박한 점원으로부터 조언을 들었다. 마이크로소프트 운영체제인 윈도우는 카메라를 256대까지 인식할 수 있다지만, 실제로 USB 256개를 연결해서 테스트를 한 것인지는 알 수 없었다.

결국 이 문제는 USB 중계기와 여러 USB를 꽂을 수 있는 USB 허브를 컴퓨터와 카메라 사이에 문어발식 배선으로 연결해서 해결할 수 있었다.

한 가지 문제를 해결하면 또 새로운 문제가 발생한다. 다른 사람에게는 문제가 되지 않았고 평상시에는 생각지도 못한 것들이다. 나 역시 USB를 알고는 있었지만 20대나 되는 USB를 연결하는 문제를 생각해본 적도 없었다. 그것은 전자상가의 점원도 마찬가지였다. 다만 한 가지 분명한 것은, 도달하고자 하는 목표가 확실하다면 다 함께 머리를 맞대어 아이디어를 낼 수 있다는 사실이다.

하이테크와 로테크의 결합

화장품을 평가할 때 중요한 요소는 빛이다. 분위기 좋은 레스토랑에서 여성이 더 아름답게 보이는 것은 여성이 아름다워서가 아니라 레스토랑의 조명이 여성을 아름다워 보이게 만들기 때문이다. 여배우가 텔레비전 프로그램에 나와 기미나 주름을 없애려고 강한 빛을 쫴다고 이야기하는 것을 본 적이 있다.

다음 과제는 사진을 찍기 위한 빛이었다. 나는 이 분야에도 문외한이라 다른 정통한 연구자에게 물어보았다. 그랬더니 할로겐 램프가 좋다고 조언을 해줬다. 정확한 평가와 데이터를 얻으려면 50대의 램프를 조건에 맞추어 조합할 필요가 있었다.

할로겐 램프를 찾기 위해 다시 전자상가를 돌아다녔다. 할로겐 램프를 구할 수는 있었지만 문제가 있었다. 용도에 맞는 소켓이 없었던 것이다. 빛을 측정하는 작업이라 다른 방향으로 빛이 새면 안 되기 때문에 흔히 쓰이는 소켓을 사용할 수 없었다. 일반적으로 램프는 주변을 밝히는 용도로만 사용되니 불필요한 빛이 주변으로 새지 않도록 막아주는 것까지는 고려하지 않았을 것이다. 카메라에 관한 문제가 발생했을 때와 마찬가지였다.

이 정도까지 일이 진행되었을 때는 내심 성공을 확신하고 있었다. 성공했을 때는 이전에 세상에 없었던 것, 전무후무한 것을 만들어낼 것이라는 근거 없는 확신이 들었다. 아이디어는 이미 존재하는 것들의 조합이라고 하는데 우리들이 하는 프로젝트가 바로 그것이었다. 이미 팔리고 있는 카메라와 조명, 컴퓨터, 단지 이것들을 조합하는 것뿐인데 그 결과물은 세상에 없었던 것이다.

오사카 대학에서 기술경영을 가르치는 나의 은사님에게서 배운 방법론이 이번 프로젝트에 적용되었다.

'하이테크(high tech)와 로테크(low tech)를 조합하라'

기술적으로 새로운 것을 만들려고 할 때, 로테크를 바탕으로 하지만 어느 정도 하이테크적인 요소를 가미하는 것이 빨리 실현되고 보다 좋은 결과를 얻을 수 있다는 것이다.

우리의 프로젝트야말로 그런 조건에 딱 들어맞았다. 카메라는 이미 판매되고 있다는 점에서 로테크지만 여러 대의 카메라를 컨트롤한다는 점에서 하이테크라고 할 수 있다.

결국 이러한 많은 장치들이 완성된 후 비로소 본론으로 들어갈 수 있었다.

아름다움을 과학으로 수치화하다

처음의 착상은 '아름다움을 측정한다'는 것이었다. 신규 개발한 '파인핏'이라는 파운데이션이 30~40대 여성을 대상으로 하고 있었기 때문에 아름다움은 곧 젊음이기도 했다. 따라서 어떻게 하면 젊음을 되찾을 수 있는가에 초점을 맞추어 조사했다. 먼저 젊은 사람의 피부와 30대, 40대의 피부를 비교했다. 여성들은 피부를 아름답게 보이게 하려고 파운데이션을 사용한다.

조사 결과, 정면에서는 똑같지만 보는 각도에 따라 다르게 보인다는 사실을 알게 되었다.

신상품을 성공시키기 위해서는 화장품을 판매하는 사람이 팔기 쉽도록 고객에게 어필할 수 있는 포인트가 있어야 한다. 그런데 어필 포인트는커녕 고객이 사고 싶어 할 만한 포인트조차 찾지 못했다.

이때 떠오른 생각이 젊은 사람의 피부와 나이 든 사람의 피부를 비교해 보는 것이었다. 평범한 피부를 젊은 피부로 보이게 할 수 있는 화장품이 있다면 젊음을 되찾았다고 느끼지 않을까?

엄밀히 말해 젊음을 되찾는 것은 아니고 나이보다 젊어 보이게 할 수는 있다. 지금까지 나온 것 중에 그런 소재는 없으니 새롭게 소재를 만들어야 했다. 다만 화장품은 피부에 직접 바르는 것이기 때문에 소재의 안전성에 특별히 신경을 쓰지 않으면 안 된다. 새로운 소재를 개발해 상용화시키는 것은 벽이 높고 위험성도 크다.

그래서 생각해낸 것이 펄 안료를 사용하는 것이었다. 이것은 빛의 간섭을 이용해 색을 만들어내는 소재다. 카오 화장품에서도 이미 사용하고 있던 기술이었다. 일반적으로 아이섀도나 립스틱 등에 광택을 내는 데 쓰이는 소재라 여성들은 대부분 알고 있을 것이다.

단지 이러한 소재만 넣어 만든 파운데이션이라면 새로운 가치가 있는 상품이라고 보기 어렵다. 나이보다 젊어 보이는 피부로 만들기 위해 펄 안료에 들어가는 성분을 일일이 계산해 배합했다. 이런 방식으로 펄 안료를 만드는 것은 사실상 세계 최초였다. 이 아이디어를 낸 사람은 내가 아니었다. 계산이 능숙한 동료 직원의 아이디어를 실현한 것이다.

화장품의 원료가 되는 소재를 개발하기 위해서는 구체적인 수치를 목표로 삼아야 한다. 그 작업을 가능케 한 것이 바로 그 직원이었다.

안전한 화장품 원료로 사용되는 산화철과 산화티탄을 각각 나노미터 수준으로 층층이 쌓으면 숫자로 나타내는 것이 가능하다고 한다. 나노미터란, 간단히 말하면 사람의 머리카락을 1만분의 1로 쪼갠 것과 같은 단위다. 이 같은 미세 단위인 나노미터를 조절할 수 있다면 우리의 목표인 고운 피부를 재생시키는 가루를 만들 수 있는 것이다.

이론상으로는 그렇지만 당시 우리 회사에는 그런 기술이 없었다. 그래서 펄 안료를 만들고 있는 회사를 찾기로 했다. 일본에는 펄 안료를 만드는 회사가 몇 곳 되지 않았다.

자칫하면 아이디어가 노출될 수 있었기 때문에 드러나지 않게 접촉을 해야만 했다. 최종적으로 합의에 이른 곳은 시세이도 출신 연구원으로 업계에서 유명한 스즈키 후쿠지 씨가 있던 일본광연구업이라는 회사였다. 하지만 그는 라이벌 기업인 시세이도 출신이었기 때문에 카오의 일을 맡아줄지는 미지수였다. 그러나 개발하고자 하는 제품의 설계도를 건네자 무리일 거라 여겨졌던 나노 단위를 컨트롤하는 기술을 흔쾌히 검토해주었다. 뒤이어 일본광연구업의 젊은 사원이 구체적인 방법론에 대한 아이디어를 내서 실용화에 이르게 되었다.

끊임없이 궁리하는 의지와 열정이 아이디어의 비결

나는 나노 단위를 개발하는 데는 어떠한 아이디어도 내지 않았다. 방향을 제시하고 열정에 불을 붙였을 뿐이다.

회사에서 신상품을 만들어낼 때는 넘어가야만 하는 수많은 장애물이 등장한다. 정석대로만 해서는 그것을 극복하기 어렵다. 지금까지 생각하지 못했던 기발한 아이디어로 해결해야 한다. 나 혼자서 해결하는 것은 아니다. 해결하기 위해 여러 사람의 지혜를 모으면 발상도 넓어진다.

이 프로젝트에서 내가 생각한 아이디어도 물론 있었지만, 여기서는 다른 사람들의 아이디어를 중점적으로 설명했다.

다시 강조하지만, 기업에서 상품과 서비스를 만들어내는 데는 개인의 재능보다 팀에서 어떻게 아이디어를 내는가가 더 중요하다. 이것은 다음 장에 소개할 여러 기업의 리더들을 통해 확인할 수 있을 것이다.

'아름다움을 수치화한다'는 우리 팀의 프로젝트는 회사 내에서도 좋은 평가를 받았다. 그 결과 2005년도 주주 대상 실적 보고서에 내가 담당한

'다시점 화상 해석 시스템 개발' 내용이 포함되었다. '카오 그룹, 가네보 화장품 인수', '카오 중국연구개발센터 완성'이라는 초대형 뉴스 사이에 당당히 자리를 잡은 것이다. 프로젝트에 들어간 금액으로 치면 두 뉴스에 비해 나노 수준에 불과하지만 그때처럼 기뻤던 적은 없다.

아이디어를 짜내는 것은 어렵지 않다. 끊임없이 궁리하고 연구하는 의지와 열정이 좋은 아이디어를 내기 위한 나의 비결이다. 느낌이 확 와닿는 것은 아니지만 적어도 재능이 크게 중요하지 않다는 생각이 들 것이다.

그렇다. '아이디어는 재능에서 나오는 것이 아니다!'

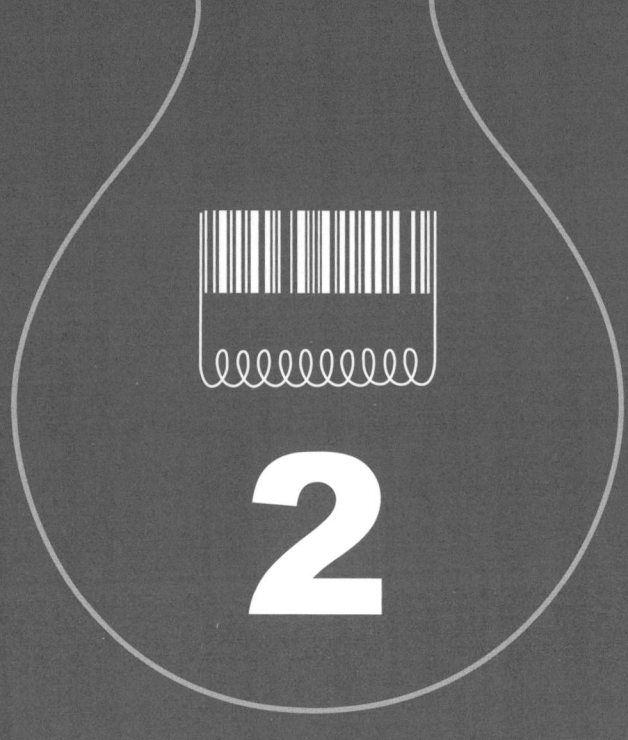

2

기발한 아이디어로
스토리를 이어가다

스토리가 있는 스낵, 자가리코

경험과 지식의 토양에서
아이디어가 자란다

이번 장에서는 일본 최대 제과업체 가루비의 마케팅 본부에서 신상품 기획에 종사하는 야나이 히데마사 씨의 일화를 다룬다. 그는 가루비에서 '자가리코', '사츠마리코'라는 제품의 브랜드 매니저를 담당했다. 야나이 씨의 일화를 통해 재능에 의지하지 않고 좋은 아이디어를 내는 비결에 대해 알아보자.

자가리코는 감자를 원료로 한 막대 모양의 과자다. 다음 페이지의 사진에서도 보이듯이 포테이토칩으로 유명한 가루비에서 만들었다. 최근에 해태제과와 가루비가 합작해 설립한 '해태가루비'에서 '자가비'라는 이름으로 판매하고 있다. 아마 이름을 들어보거나 먹어본 사람들이 있을 것이다.

자가리코가 나오기 전까지만 해도 컵에 들어 있는 과자는 흔한 형태가

왼쪽부터 자가리코 샐러드 맛, 감자버터 맛, 치즈 맛.

아니었다. 게다가 둥근 막대 모양이어서 일반적인 포테이토칩과는 그 모양이 상당히 다르다. 계속해서 새로운 과자가 출시되는 제과업계에서 새로운 제품에 대한 아이디어, 심지어 대중적인 과자로 정착시켜 나가기 위한 아이디어는 어디에서 어떻게 나오는 것일까?

야나이 씨와는 몇 년 전 상품 개발자와 마케터만으로 구성된 '상품 개발 연구모임'에서 처음 만난 이후 친분을 쌓아오고 있다. 그 연구모임에서 디자인 바코드사의 담당자가 발표한 프레젠테이션 중에 가루비의 사례가 많이 등장했는데, 가루비에서 실제로 그 사업을 담당했던 사람이 야나이 씨였다. 야나이 씨가 디자인 바코드를 상품의 포장에 적용한 것이다.

참고로 디자인 바코드란 p.46의 그림으로 사용한 것처럼, 바코드의 줄무늬에 디자인을 더한 것이다. 디자인 바코드사의 아이디어가 아주 기발해서 이 책의 표지 디자인을 그들에게 부탁했다. 지금까지 책표지에 디자인 바코드를 사용한 사례는 아마 없을 것이다. 바코드 리더기를 갖다 대면 인식도 되니 재미삼아 찍어봐도 좋을 것이다.

자가리코에 디자인 바코드를 도입하게 된 경위는 뒤에서 상세하게 소개하고, 먼저 야나이 씨의 아이디어 기법을 알아보자.

아이디어에는 보이지 않는 '연결고리'가 있다

야나이 씨는 "아이디어란 재능이 아니라 끊임없이 고민하며 보이지 않는 연결고리를 찾아내는 것"이라고 이야기한다. 이번 장에서는 그가 눈에 보이지 않는 연결고리를 발견한 순간을 소개하고자 한다. 야나이 씨에 의하면 중요한 것은 순간이 아니라 그 연결고리를 의식적으로 찾아보려는 노력이라고 한다.

나도 아이디어를 낼 때 보이지 않는 연결고리를 찾는다. 예컨대 필기법에 관한 책을 쓸 때, 처음에는 '노트를 디자인화해서 책표지를 만들자'고 하는 아이디어를 떠올렸다. 그 아이디어가 노트에 관련된 아이템으로 확장되어 '연필'이 떠올랐다.

키포인트가 될 아이디어가 떠오르기만 하면 그것을 형상화해서 보다 좋은 디자인으로 만들어가는 것은 간단하다. 우선은 거듭 고민해서 보이지 않는 연결고리가 무엇인가를 의식적으로 생각해본다. 그러다 보면 아이디어가 떠오를 때가 많다. 내 경우에는 '노트'와 관련된 아이템인 '연필'로 연결된 것이다.

당시에는 표지에 연필 디자인이 그려진 필기법 책이 없었기 때문에 독자나 서점 MD들에게도 꽤 깊은 인상을 남겼다.

연결고리를 발견하기 위해 의식하며 끊임없이 생각할 것. 이번 장에서는 연결고리를 의식하며 읽으면 아이디어를 낼 수 있는 힌트를 얻게 될 것이다.

감자에 목숨을 건 회사

가루비에는 가루비 포테이토칩이라는 대표 상품이 있는데, 그 명맥을 잇는 히트상품을 만들자는 취지로 자가리코의 첫 브랜드 매니저인 Y씨가 감자를 이용한 새로운 상품을 고안해냈다. Y씨의 뜻을 이어받아 새로 자가리코의 브랜드 매니저가 된 사람이 바로 야나이 씨다.

야나이 씨는 입사 후 10개월 간의 연수기간을 거쳤다. 처음에는 히로시마 공장에서 약 3개월간 근무하며 갓바에비센(새우깡의 원조인 새우과자)의 생산을 도왔다.

그 후 여름에는 홋카이도의 감자 생산지로 이동해서 감자 인수 작업을 했다. 여기서 수확한 햇감자를 검품하고 창고에 넣는 보관 작업과 보존상태 관리 등을 배웠다. 이 연수를 흔히 '감자 캐기 연수'라고 하는데, 이곳에서 야나이 씨는 '가루비가 감자에 대해 진정성 있게 연구를 하고 있구나' 하는 것을 실감했다고 한다.

가루비의 감자 사용량은 일본 내 1위를 차지할 정도로 감자를 원료로 한 상품 매출이 60% 가까이 되었다. 가루비의 최고 경력사원쯤 되면 감자밭에서 나는 흙냄새만 맡고도 "올해 감자는 맛있을 것이다", "아니다" 하는 것을 알아맞힐 만큼 전문가가 된다고 한다. 가루비에서 경력을 쌓으면서 야나이 씨도 감자 전문가로 성장해갔다. 나는 야나이 씨를 만날 때마다 감자에 대한 강의를 감탄하며 재미있게 듣곤 한다.

연수를 마친 후 야나이 씨는 치바 공장에서 포테이토칩의 맛내기 공정 개선 프로젝트에 참여했다. 스낵과자 제조공정을 관찰해 가설을 세우고 검증하며 공장의 제조공정을 안정화시킴으로써 품질 좋은 과자를 만들 수 있게 하는 것이었다. 입사한 지 3년이 지난 후에는 연구개발 부서로 이동해 자가리코와 관련된 일을 맡게 되었다.

당시 자가리코는 시판한 지 2년이 지난 상황이었다. 맨 처음 대량생산을 시작한 간토(関東) 공장에 이어서 간사이(関西), 홋카이도(北海道) 지역에도 생산라인을 추가하며 성장기에 접어들었다. 당시에는 자가리코의 개발자인 Y씨가 브랜드 매니저를 맡고 있었는데, 야나이 씨는 그 사람 밑에서 일을 배워나갔다. 그러다가 Y씨에 뒤이어 가루비의 대표 상품으로 성장한 자가리코의 브랜드 매니저 업무를 맡게 되었다.

빅데이터를 분석하고 결정적 구매동기를 찾아라

가루비에서는 상품 개발을 할 때 먼저 상품을 기획하고, 결정적 구매동기를 다지기 위한 정성적 분석(qualitative analysis)을 실시한다. 결정적 구매동기란 고객으로 하여금 그 상품을 구입하게 만드는 상품의 최대 장점을 의미한다. 구매동기를 확고히 정하고 난 다음, 시제품을 만들고 정량조사(quantitative research)를 실시하며 완성도를 높여나가 상품화하는 과정을 거친다.

자가리코가 탄생하기까지의 아이디어를 이해하기 위해서는 1993년 당시의 시대적 배경을 알 필요가 있다. 그때 가루비에서는 갓바에비센, 가루비 포테이토칩 등을 이을 만한 획기적인 상품을 계획하고 있었다.

1993년 당시에는 새로운 소비 트렌드로 여고생이 부각되었다. 그때가 마침 베이비부머 세대의 자녀가 고교생이 될 무렵이었기 때문이다. 고교생의 숫자가 유난히 많았던 시기였기 때문에 기업에서는 고교생을 대상으로 한 상품 개발이 활발히 이루어지고 있었다. 캐릭터 전문회사인 산리오에서 내놓은 헬로키티도 이러한 붐에 맞추어 성공을 거둔 것이다. 가루비도 이러한 시대적 배경 속에서 여고생이 먹는 과자에 초점을 맞추어 상품 개발을 진행했다.

조사에 따르면 당시 고객의 니즈는 '언제 어디서나, 맛있고, 손에 묻지 않고, 아무리 먹어도 질리지 않고, 심심한 입을 달래주는, 씹는 느낌이 좋

은 스낵'에 있었다. Y씨는 이러한 요구들을 실현할 아이디어가 필요하다고
생각했다. 그는 아이디어를 고민하며 하나하나 구체화해나갔다.

히트상품 '자가리코'를 만든 4가지 아이디어

먼저 고민한 것은 '언제 어디서든'이라는 키워드다. 가루비 포테이토칩이
나 갓바에비센은 봉지에 들어 있어서 들고 다니기 불편하다. 그래서 판매
타깃인 여고생이 가방에 넣고 다닐 수 있는 형태로 만들자는 아이디어가
나왔다.

이 아이디어는 특별히 연구가 필요하지 않았다. 시판 당시의 자가리코
는 이미 상자에 들어 있었기 때문이다. 지금같이 컵에 담긴 형태는 아니지
만 이미 상자에 들어 있는 상태에서 시작했던 것이다.

다음으로 '맛'을 실현하기 위해 생감자로 스낵을 만들자는 의견이 나왔다.

여기서 기술적인 보충설명을 하자면, 일반적으로 포테이토칩의 원재료
는 생감자가 아니다. 대부분 미리 감자를 건조시키고 수분을 조절해 플레
이크(flake)나 분말 상태로 만든 것을 가공해서 사용한다. 어찌 됐든 감자
전문회사라는 가루비의 프라이드에 걸맞게 생감자로 스낵을 만드는 데 성
공했다.

세 번째 과제는 '손에 묻히지 않는 것'이었다. 이 부분에 대해서는 시즈
닝(seasoning)이라 불리는 조미료를 스낵 표면에 뿌리지 않고 반죽에 넣어

잘 묻지 않게 하거나, 과자를 막대 모양으로 만들어서 한쪽 끝을 집게 하면 손이 덜 지저분해질 것이라는 아이디어가 나왔다. 그리고 봉지에 손을 쑥 집어넣으면 과자가루가 손에 묻으니까, 포장지를 봉지 대신 상자나 컵으로 바꿔서 손이 지저분해지지 않게 하자는 아이디어가 나왔다.

마지막 네 번째 과제는 '아무리 먹어도 질리지 않고, 심심한 입을 달래 주는, 씹는 느낌이 좋은 스낵'이다. 자가리코의 매력인 오독오독 바삭바삭한 식감은 이 네 번째 과제를 해결하는 과정에서 탄생했다.

개발 당시 자가리코의 오도독 씹히는 맛 때문에 주변에서는 딱딱한 과자는 팔리지 않을 것이라는 부정적인 시선을 보냈다. 하지만 일본은 원래 딱딱한 전병을 즐겨 먹는 문화가 있으므로 딱딱한 과자에 대한 고객의 니즈도 있을 것이라고 생각했다. 부드럽고 바삭바삭한 느낌이 아닌 새로운 맛을 찾아내자며 씹는 느낌을 추구한 결과 지금의 자가리코가 탄생하게 된 것이다.

얼핏 보기에는 어렵지 않게 문제 해결을 한 것 같아 보이지만, 막상 찾아낸 아이디어를 실현하기 위해서는 숨은 노력이 필요했다. 앞서 열거한 네 가지 아이디어는 시작에 불과했고, 실제 상품으로 만들어내기 위해서 시험 제작을 수없이 반복했다.

결국 이런 노력들이 쌓여 자가리코의 성공으로 이어졌다. 결코 천재 한 명이 창안해낸 것이 아니다.

타깃 연구에서 네이밍까지 하나로 이어진 스토리

소비자의 니즈를 충족했다고 대중적인 상품이 되는 것은 아니다. 중요한 것은 소비자에게 사랑받을 수 있는 '이름'이다. 자가리코라는 이름이 아니었다면 시판 이후 20여 년이나 지난 지금까지 사랑받는 국민 간식이 되지 못했을 것이다.

자가리코라는 이름의 유래가 궁금해서 가루비의 고객상담실에 문의를 해보았더니, 개발담당자가 알고 지내던 여고생 '리카코' 양이 새로 만든 감자스낵을 맛있게 먹는 모습을 보고 이름을 지었다고 한다. 감자란 의미의 '자가이모'와 여고생 '리카코'의 이름을 합쳐서 '자가이모＋리카코→자가리카코→자가리코'가 되었다는 것이다. 설명을 듣고보니 여고생 리카코가 자가리코를 갖고 와서 학교에서 친구들과 나눠 먹기도 하고 몰래 혼자 먹기도 하는 모습이 연상된다.

자가리코에는 이처럼 타깃인 여고생에서부터 상품에 이르기까지 하나로 이어진 스토리가 있었다.

조금 다른 이야기이지만, 고구마(일본어로 '사츠마이모')를 원료로 한 '사츠마리코'는 야나이 씨가 개발한 상품이다. 야나이 씨에게 물어보니 이번엔 '리카코'가 아니라 '마리코'라는 이름에서 따온 것이라고 한다.

이렇게 해서 세밀한 부분까지 일관된 아이디어가 집중되면 상품에 생명이 불어넣어진다. 목표로 삼을 방향이 결정되면 그에 맞는 아이디어를 선

택하기 쉽다. 자가리코의 경우에는 고객 조사를 통해 목표로 해야 할 방향을
찾아냈다.

상품에 애착을 갖게 하는 아이디어

어떤 상품이 대중적으로 자리 잡기 위해서는 고객이 그 상품에 애착을 갖
게 해야 한다. 그런 아이디어 중의 하나가 상품을 캐릭터로 만드는 방법이
다. 자가리코에는 기린 캐릭터가 그려져 있는데, 이것이 상품에 대해 애착
을 갖게 하는 데 한몫하고 있다. 자가리코 포장용기 옆면에 그려진 기린이
이렇게 말한다. '일단 먹기 시작하면 기린이 없다.'

기린은 일본사람들도 '기린(キリン)'으로 발음한다. 일본어로 '끝'은 '기
리(きり)'인데, 비슷한 두 단어를 바꾸어 사용한 것이다. '일단 먹어보면 너
무 맛있어서 끝없이 들어간다'는 의미를 연상시키는 말장난이다.

시판 당시에는 이런 익살스런 문장이 써 있지 않고 기린만 그려져 있어
서 고객상담실에 "왜 기린 그림이 그려져 있느냐"고 묻는 전화가 쇄도했다
고 한다. 그래서 포장용기에 기린의 말풍선을 인쇄하게 되었다는 것이다.

참고로 이 익살 떨기 좋아하는 기린은 '쟈가오'라는 이름을 가진 아빠 기
린으로 샐러드 맛 자가리코에 그려져 있다. 엄마 기린은 '리카코'로 치즈 맛
자가리코 포장에 그려져 있다. 야나이 씨의 후임으로 온 담당자도 재미있
어 하며 캐릭터를 늘려나갔기 때문에 지금은 기린가족이 더 늘어났다. 자

가리코 홈페이지에는 자가리코 기린가족 가계도까지 올라와 있다.

야나이 씨는 새로운 맛의 자가리코를 홍보하는 캠페인을 할 때 기린 의상을 입고 거리에 나간 적이 있었다. 그때 고객들이 "와! 자가리코 기린이다!" 하며 말을 걸어줘 무척 감동했다고 한다.

거리 캠페인은 과자와는 상관없는 일이라고 생각할 수 있다. 하지만 작은 부분까지 고심하면서 자가리코와 관련된 새로운 아이디어를 끊임없이 고안해내는 노력이야말로 오랫동안 사랑받는 상품으로 자리 잡게 하는 비결이다. 그러한 노력들이 결국 브랜드의 가치를 강하게 끌어올려주는 것이다.

바코드로 놀자!

기린 옆에 있는 바코드도 자가리코 연구 결과물 중 하나였다. 바코드는 편의점이나 슈퍼마켓에서 상품을 인식하기 위한 것인데, 그 바코드를 즐거운 놀이로 바꾼 것이다. 이 아이디어도 자가리코 팬을 늘리는 데 한몫했다.

자가리코 시판 10주년 기념으로 이벤트 개최를 검토하던 중에 여러 사정이 겹쳐져서 중지하게 되었다. 야나이 씨는 어떠한 형태로든 고객에게 감사의 마음을 전하고 싶다고 생각하던 참에 디자인 바코드사와 인연을 맺게 되었다.

디자인 바코드사의 담당자가 하는 이야기를 들어보니 재미있는 요소가 가득한 바코드의 세계관이 자가리코와 딱 맞아떨어졌다. 야나이 씨는 "바

제품에 따라 재미있게 표현한 자가리코 디자인 바코드

로 이거다!"란 생각에 당시 자가리코 사업부장이던 이토 슈지 씨(현 가루비 대표이사)에게 연락해 바로 승낙을 얻어냈다.

이렇게 해서 탄생한 바코드가 자가리코 시판 10주년에 걸맞은 양초 디자인(위 그림)이다. 기린이 바코드 위에 타오르는 촛불을 입으로 불어서 끄고 있는 그림인데 재치 있고 유쾌한 아이디어였다.

디자인 바코드에 대해서 조금 설명을 덧붙이자면, 제품을 인식하는 기능밖에 없던 바코드를 다른 관점에서 접근한 것이다. 흑백의 직선들이 만들어내는 코드를 해당 제품의 특성을 반영한 디자인으로 승화시킨 것이 바로 디자인 바코드다. 이 아이디어가 인정받아 칸 국제광고제에서 '티타늄 사자상'을 수상했다.

나와 야나이 씨와의 만남은 서문에서 설명한 바와 같이 이 디자인 바코드 이야기를 하던 시점에서 시작되었다. 언젠가 디자인 바코드사와 일을 해보고 싶다는 바람이 이 책 디자인으로 이어졌다. '책', '아이디어', '팔리는 표지' 등의 제약조건 속에서 아이디어에 관한 책만이 표현할 수 있는 재미있는 표지로 완성되었다. 사실 책은 유통관계상 바코드의 위치와 바코드 주변의 색 등에 정해진 규정이 있다. 이 때문에 바코드를 완전히 자유롭게 배치할 수는 없었다.

자가리코 이야기로 돌아가보자. 가루비는 자가리코 시판 10주년 기념으로 촛불 바코드를 도입한 이래로 디자인 바코드가 정착됐다. 자가리코가 받은 팬레터에는 "바코드까지 신경 쓰는 자가리코가 좋다"라는 의견이 많았고, 카운터 업무를 본다는 한 고객은 "계산대에서 바코드를 찍을 때마다 즐겁다"라는 기분 좋은 편지를 보내왔다.

디자인 바코드 자체가 신기했기 때문인지 신문기사도 나고, SNS에서 디자인 바코드 커뮤니티가 출현하는 등 노출효과도 상당했다.

끊임없는 서브 브랜드 개발로 히트상품의 명맥을 이어가다

다시 야나이 씨가 처음에 담당했던 과자 사츠마리코를 보자. 사츠마리코는 자가리코의 고구마 버전으로, 자가리코 시판 4년 후에 시험 판매되었다. 브랜드를 강화하고 매출을 올리기 위해 기술을 수평적으로 확장하자는 아이디어에서 탄생한 상품이다. 이 스낵도 생고구마로 만든 과자라는 점에 초점을 두고 기획과 개발을 시작했다.

그 무렵 가루비에는 고구마를 사용한 '오사쯔'라는 스낵이 있었다. 오사쯔는 바삭하고 부드러운 식감인 반면, 사츠마리코는 자가리코처럼 오도독하고 딱딱한 식감의 달콤한 과자였다. 당시 자가리코의 인지도는 지금만큼 높지 않았다. 그러나 설문에 답한 고객들로부터 "바삭바삭하고 달콤한 스낵으로는 처음 맛본 식감이 자가리코와 비슷한 것 같다"라는 말을 듣고 시험 판매를 했다고 한다. 일본에는 '카린토'(맛동산 모양의 딱딱하고 달콤한 과자)나 '이모켄피'(고구마로 만든 카린토 과자) 같은 딱딱하고 달콤한 과자도 있었기 때문에 고객에게 다가가기 쉬울 거라고 생각했다.

야나이 씨와 이야기를 나누다보면 일본의 모든 과자에 대해 그처럼 박식한 사람이 없는 것같이 느껴진다. 물론 직업이기 때문에 그럴 수 있겠지만, 차라리 과자 연구가가 되는 게 어떨까 싶을 정도로 전국 방방곡곡의 과자에 대해 모르는 것이 없다.

아이디어를 내기 위해서는 이런 지식과 경험을 자신 안에 쌓아가는 것이 중요하다. 그러나 이것은 천부적인 재능이 아니라 매일매일 피나는 노력의 결과일 것이다. 힘든 과정이었을 텐데 야나이 씨는 상당히 즐거워보였다.

사츠마리코는 자가리코의 자매품이므로 자가리코의 비전을 잘 담고 있어야 한다. 기업에서는 이런 식으로 필요에 따라 아이디어를 내야만 할 때가 있는데 야나이 씨를 고민하게 만든 것은 기린을 대신할 캐릭터를 선택하는 것이었다. 처음에는 광고회사에서 핑크색 토끼 캐릭터를 제시했지만 야나이 씨는 그 아이디어가 썩 내키지 않았다고 한다.

매일같이 캐릭터에 대해 고민하던 어느 날, 우연히 텔레비전 아침 뉴스에서 아나운서가 "아미고! 아미고! 플라멩코!"라고 외치며 춤추는 모습을 보게 되었다. 그 순간 야나이 씨는 신상품 사츠마리코의 캐릭터를 플라밍고(홍학)로 해야겠다고 결심했다.

그때부터 일이 일사천리로 이어졌다. 곧바로 기린처럼 길쭉한 홍학을 디자인했다. 그리고 고구마가 가장 맛있는 시기인 가을철 한정 상품으로 판매를 시작했다. 그렇게 출발한 것이 이후 10년 이상 계속해서 사랑받는 대중적인 상품으로 자리 잡았다.

"사람들에게 특별히 느낌이 와닿는 건 기린의 길고 가느다란 목이 자가리코 모양과 비슷하다는 점"이라며 "그것이 키포인트!"라고 야나이 씨는 단호하게 말한다.

고구마 스낵 사츠마리코 역시 길고 가느다란 것이 콘셉트였다. 그런 점에서 토끼 캐릭터와는 왠지 어울리지 않았는데 기린 대신 이번에는 홍학으로 비슷한 콘셉트를 이어갈 수 있게 되었다. 게다가 캐릭터의 색깔도 각각 감자와 고구마가 연상된다. 야나이 씨의 말대로 기린은 감자 색, 홍학은 고구마 색에 딱 들어맞았다.

차별화된 맛을 탄생시키다

식품 브랜드를 강화하기 위한 기본적인 방향으로 향신료를 첨가해 변화를 주는 방법이 있다. 자가리코가 시판된 지 10년이 되어갈 무렵, 감자 맛만 나는 자가리코에 새로운 맛을 추가하자는 의견이 나왔다. 이렇게 해서 2002년, 자가리코에 '키친'이라는 새로운 시리즈를 기획하게 되었다.

새로운 맛을 추구하던 끝에 10종류의 상품, 즉 독일식 감자요리 맛, 버터 맛, 명란젓 맛, 볶음밥 맛, 중국식 돼지고기볶음 맛, 된장국 맛, 그라탱 맛, 피자 맛, 커피 맛, 페퍼민트 제트 맛을 시험 제작했다. 그리고 독일식 감자요리 맛과 버터 맛 두 가지가 임원진 시식을 거쳐 최종 결정되었다. 두 맛 모두 감자에서 연상하기 쉽다는 점과 감자요리라는 인식이 밑바탕에 자리 잡고 있어 고객들에게 받아들여지기 쉬웠을 것이라고 생각했다. 하지만 다른 것들도 모두 맛있었고, 특히 된장국 맛은 '비장의 명품'이라고 야나이 씨는 말했다.

임원진 시식 후 맛을 더 풍부하게 보완하고, 드디어 공장에서 생산을 시작해 상품화하기에 이르렀다. 독일식 감자요리 맛은 감자의 맛을 베이스로 해서 훈제 베이컨으로 향을 내고 검은 후추로 맛을 조절하면 된다. 이때 공장에서 맛 품질관리 업무까지 경험해본 야나이 씨의 특기가 발휘되어 별다른 시행착오 없이 신상품이 완성되었다. 임원 시식 후 완성까지 조리법을 재검토한 횟수가 불과 세 번밖에 안 되었던 것이다.

사실 버터 맛은 문제가 있었다. 당시 은은한 버터 맛 과자가 판매되고 있었기 때문에 차별화된 버터 맛을 내야 했다. 기존의 맛과 차별화시키면서 감자 버터로 연상되는 끌리는 맛을 재현해야 했다.

자가리코 담당자 네 명이 작은 회의실에 모여 최종적으로 남은 두 개의 맛 중 하나를 결정해야만 했다. 네 명이 다수결 투표를 한 결과 2대 2 동점이 되었고, 결국 자가리코 개발 경험이 가장 많았던 야나이 씨의 의견이 최종적으로 채택되었다. 맛에 관한 최종적인 판단은 담당자가 내린다는 것이 가루비의 원칙이기 때문이다. 아이디어를 구현하기 위해서는 재능이 아니라 경험이 중요하다는 것이 또 한 번 증명된 대목이다.

이렇게 해서 이후 10년간 계속해서 사랑받는 상품이 탄생되었다.

생각을 자극하는 노트법, '아이디어 천 번 두드리기'

제대로 방향을 잘 잡아 철저하게 파고들면 아이디어는 나오기 마련이다. 훌륭한 아이디어는 하늘이 내려준 재능이 아니라 경험과 지식에서 만들어진다.

번뜩이는 아이디어는 복권처럼 우연한 횡재로 얻어지는 것이 아니다. 세상에 널려 있는 수많은 재미있는 요소들을 연결하는 고리를 스스로 찾을 수 있는지에 달렸다. 경험이 많으면 많을수록 아이디어를 연결할 고리를 좀 더 잘 만들 수 있다. 고리를 이어가는 속도도 빨라진다. 불과 세 번의 조리법 변경으로 독일식 감자요리 맛을 완성시킬 수 있었던 것은 경험이 이룬 업적이다.

야나이 씨가 이 자리에 오기까지 해왔던 방법은 '아이디어 1000번 두드리기'라고 이름 붙인 노트였다. 아이디어 1000번 두드리기는 야나이 씨가 자신의 생각을 자극하기 위해 썼던 방법이다. 아이디어가 생각나지 않을 때는 수십 번, 수백 번 생각하고 확인하는 과정을 거치는데 이것을 '두드린다'고 표현한 것이다. 지금은 가루비의 마케팅 담당자 전원이 이 방법을 실천하고 있다.

아이디어 1000번 두드리기 노트는 컬러풀하고 여기저기 그림도 많이 그려져 있다. "아이디어는 색과 그림을 사용하여 생각하면 좋다"는 야나이 씨의 지론 때문이다. 다른 사람들에게 자신이 생각하는 색깔을 전하려면 시각적 감수성을 키우는 훈련이 필요하다고 야나이 씨는 말한다.

예를 들어 신호등에서 사람이 지나가도 되는 불은 파란불이라 불리지만 실제로는 녹색이다. 빨강이라고 해도 자줏빛이냐 피처럼 붉은 진홍색이냐에 따라 이미지가 달라진다. 그래서 야나이 씨는 직원들이 기획안을 제출할 때 서툴어도 좋으니 그림으로 그리고 색칠하라고 한다. 이렇게 만든 기획안에 야나이 씨가 한마디씩 코멘트를 달아 돌려주면서 각자 자신만의 아이디어로 저장해두라고 조언한다.

이런 훈련이 바로 홍학 색과 고구마 색, 그리고 기린 색과 감자 색이라는 이미지를 연결하는 아이디어로 이어진 것이다.

야나이 씨의 부하 직원들은 '하루 한 가지 제안'이라는 과제를 실천하는 훈련을 통해 일상 속의 우연을 자신의 작업 과제로 연결하고, 살아 있는 아이디어로 열매 맺을 수 있었다. 아이디어 1000번 두드리기라는 훈련이 맛있는 열매가 되는 뿌리를 만든 것이다.

3

자유로운 팀플레이에서
아이디어가 솟는다

아이디어 싱크 탱크, 게임회사 세가

재미있는 게임을
만드는 아이디어는
어디에서 오나?

게임 프로듀서인 바바 야스히토 씨는 게이오 대학을 졸업하고 1997년에 게임회사 '세가'에 입사했다. 그가 세가에 입사하던 그해는 '다마고치' 게임이 폭발적인 인기를 얻어 다마고치 게임기를 판매하던 곳마다 매진 사례가 속출하던 때였다.

이 무렵 소니에서는 '플레이스테이션'을, 닌텐도에서는 '게임보이'와 '닌텐도64'를 잇달아 출시해 그 어느 때보다 가정용 게임기의 경쟁이 치열하던 시기였다. 나도 게임을 좋아해서 세가에서 만든 게임기인 '드림캐스트'를 구입했다.

2002년에는 소니에서 '플레이스테이션2'를 출시해 가정용 게임시장을 단번에 석권했다.

이렇게 경쟁이 치열하던 가정용 게임시장에서 초기부터 활동한 사람이 바로 바바 씨다. 그가 개발을 담당한 타이틀을 열거하자면 끝이 없지만 대표작을 소개하자면 '프로야구 팀을 만들자', '프로축구 클럽을 만들자', '슈퍼 몽키볼', '용과 같이' 등이 있다. 그는 총괄 디렉터로서 세가 게임 제작의 중추 역할을 담당해온 사람이다.

바바 씨는 2011년에 세가를 퇴사한 후, 유명한 게임 소프트웨어 감독과 같은 시기에 휴대폰 게임업체 디엔에이(DeNA) 사에 입사했다. 디엔에이는 모바일 게임 서비스 '모바게'를 운영하는 곳으로, 바바 씨는 지금 이곳에서 소셜 게임이라는 새로운 장르에 도전하고 있다. 참고로 디엔에이 사는 2011년에 한국의 포털회사 다음과 손잡고 한국에서 모바일 게임사업을 시작하기도 했다.

이번 장에서는 바바 씨가 총괄 디렉터이자 리더의 입장에서 아이디어를 취사선택하고 팀을 이끌어나간 과정을 살펴보자.

좋은 게임이란 레벨업의 즐거움을 제공하는 것

그럼 여기서 누구나 흥미를 가질 법한 아이디어의 결정체, 게임이 어떻게 만들어지는지 알아보자.

바바 씨는 "좋은 게임이란 사용자의 상상과 기대를 뛰어넘어 한 단계 레벨을 올리는 즐거움을 제공하는 것"이라고 말한다. 그렇다고 물량으로 승부하는 것은 아니고, 단 1점이라도 레벨을 올릴 수 있어야 한다는 것이다.

게임시장의 규모가 전보다 커지고 경쟁이 치열해지면서 각 게임 업체들은 고객이 상상한 것 이상의 즐거움을 주기 위해 게임 개발에 골몰하고 있다. 현재 게임 개발을 주로 팀 단위로 실시하는 것도 이 때문이다.

이 같은 현실에서 아이디어를 한데 모아 게임을 만들기 위해서는 바바 씨와 같은 리더가 꼭 필요하다. 옛날 같으면 천재 프로그래머 한 명이 게임을 만들었을지 모르지만 지금은 그렇지 않다. 팀에서 함께 고민하고, 혼자서는 도저히 떠올릴 수 없는 아이디어를 만들어내고, 그것을 게임이라는 형태로 구현해나간다.

팀 작업이 좋은 점만 있는 것은 아니다. 혼자라면 쉽게 결정할 수 있는 일도 팀으로 실시할 경우에는 모두의 의견을 일치시켜야 하기 때문에 어려움이 따른다. 따라서 팀 내에서 정보를 공유하고 각자 책임을 가지고 발언하며 의사결정을 해나가는 것이 중요하다.

여기서 책임이란 발언한 것에 대해 책임을 진다는 의미보다 깨달은 것, 떠오른 것을 말하는 그 자체를 의미한다. 특히 즐거움이나 재미의 가치는 사람마다 제각각이어서, 아이디어 하나하나에는 정답도 오답도 없다. 오히려 생각을 말하지 않는 것은 자신의 책임을 회피하는 것이다. 아이디어 회의를 통해 정보들이 수없이 넘쳐나와야 비로소 고객의 기대를 넘어서는 게임이 탄생할 가능성이 있다.

어떻게 보면 게임 개발 역시 내가 카오에서 담당했던 세제나 화장품 개발과 비슷한 것 같다. 사용자의 기대를 뛰어넘어 얼마나 뛰어난 결과물을 만들어내는가 하는 점에서 그렇다. 다만 그 목적이 '즐거움', '재미', 또는 '쾌감'에서 '세정력'이나 '아름다움'으로 바뀐 것뿐이다.

꼬리에 꼬리를 물고 장르를 개발해나가는 게임의 특성

게임 업계가 다른 업계와 다른 점은 하나의 아이디어에서 꼬리에 꼬리를 물고 새로운 장르가 만들어진다는 것이다. 나는 바바 씨의 이야기를 들으며 게임 특유의 독특한 아이디어 발전 방식에 흥미를 느꼈다.

예를 들어 테트리스는 'ㄴ'이나 'ㅡ', 'ㅏ' 모양의 블록을 떨어뜨려 울퉁불퉁한 면을 채워가는 단순한 게임이다. 이 아이디어로부터 '떨어지는 퍼즐'이라는 장르가 형성되었다(닥터 마리오, 뿌요뿌요 등). 나도 이런 장르를 상당히 좋아해서 해본 적이 있는데 발상의 원점은 테트리스다. 그리고 보면 테트리스는 많은 시리즈를 낳은 획기적인 게임이 틀림없다.

바바 씨의 표현을 빌리자면, 최대한 단순한 규칙과 조작으로 게임 디자인을 시각화하여 정리하면 전 세계 사람들이 좋아하는 게임을 만들 수 있다고 한다. 그리고 그 게임을 모티브로 한 게임 시리즈를 연이어 창조할 수 있다고 한다. 단순한 게임 아이디어라는 토대 위에 다음 아이디어가 게임 요소로서 부가되어 아이디어가 분화, 진화되어가는 것이다. 바바 씨가 담당한 '프로야구 팀을 만들자'도 같은 맥락에서 보면 야구게임이라는 평범한 소재에 총감독이 되어본다는 독특한 아이디어가 더해져 인기를 끌게 된 것이다.

바바 씨는 처음에 총감독이라는 직업이 일본 프로야구에는 없는 개념이었기 때문에 고객이 어떻게 받아들일까 하는 것부터 검토해야 했다. 먼저 '총감독의 관점은 무엇일까'보다 '총감독이 무엇을 할 수 있을까'가 중요할 것'이라는 생각에 더욱 애매한 입장에서 시작했다고 한다.

이 게임이 출시되었을 때, "대단하다! 나도 총감독을 해보고 싶다, 기발한 아이디어네"라며 흥분했던 기억이 난다. 선수를 직접 조종하는 야구게임이나 감독이 되어 경기를 하는 게임은 전부터 많이 있었다. 그러나 기존의 게임들과는 차원이 다르게 '선수를 뽑고(스카우터)', '육성하고(코치)', '승리를 이끌어내는(감독)' 차별화된 종류의 놀이를 한꺼번에 할 수 있는 야

테트리스 퍼즐 이미지. 블록을 떨어뜨리는
단순한 퍼즐이 전 세계적인 인기를 끌었다.

구게임은 이것이 처음이었다.

지금은 게임에 너무 빠지지 않으려고 신경 쓰지만 내가 중학생 때는 오락실을 뻔질나게 들락거렸다. 이런 배경이 있어서 게임을 만든 장본인인 바바 씨를 처음 만났을 때 굉장히 흥분했었다.

아이디어는 발굴과 확장 모두 중요하다

바바 씨에 따르면, 게임에서는 소재를 발굴해내는 아이디어 찾기 과정과 그 소재에서 아이디어를 발전시켜나가는 아이디어 확장 과정은 동시에 이루어진다고 한다. 이것을 숫자로 표현하면 아이디어 찾기 과정은 0→1, 아이디어 확장 과정은 1→100이라고 할 수 있다. 0→1 타입의 사람, 즉 아이디어를 찾아내는 사람은 그렇게 많지 않다고 한다. 그리고 아이디어를 찾아내는 것과 아이디어가 많은 것은 확실히 다르다고 한다. 다시 말해 아이디어를 잘 발굴해내는 사람이 아이디어맨은 아니라는 것이다.

바바 씨는 "아이디어란 무에서 유를 창조하는 것이 아니라 두 가지 이상의 것을 조합함으로써 탄생한다"고 이야기한다. 그 두 가지가 서로 관련이 없고 보통 사람이라면 그 둘을 조합해보려는 시도조차 하지 않을 법한데, 그것들을 조합하겠다는 생각을 할 때 비로소 0→1은 형태를 이루게 된다. 0→1이 된다는 것은 앞에서 이야기했듯이 아이디어를 찾아내는 것을 말한다.

다만, 게임 제작은 0→1만으로는 상품에 이를 수 없고 1→100인 사람, 다시 말해 아이디어를 전개해서 상품의 가능성을 확장하고 가치를 높이는 사람이 있어야 비로소 가능하다.

언젠가 바바 씨에게 아이디어 찾기나 아이디어 확장은 재능에 속하는 것인지 물어본 적이 있다. 이에 대해 바바 씨는 "물론 센스가 없으면 안 되지만 중요한 것은 두 가지를 조합해낼 수 있는 배경지식"이라고 대답했다. 서로 다른 무언가를 조합한다고 해도 바탕이 되는 정보가 입력되어 있지 않으면 아이디어를 내거나 확장하는 것이 불가능하다. 그렇기 때문에 다양한 지식을 머릿속에 대량으로 축적해두어야 한다.

이렇게 볼 때 아이디어는 재능이 아닌 노력의 산물이라고 할 수 있다. 게임 개발자의 피와 땀, 눈물이 모여 만들어지는 것이 바로 게임이다.

그렇다면 아이디어를 내는 것과 아이디어를 확장시키는 것, 어느 것이 더 중요할까. 바바 씨는 두 가지 중에 우열은 없으며, 오히려 두 종류의 사고방식이 공존할 때 효율이 더욱 높다고 말한다. 그는 자신이 직접 아이디어를 내는 것뿐만 아니라 팀을 하나로 모으는 역할도 맡고 있기 때문에, 이 두 능력을 잘 활용하는 것이야말로 회사와 조직에서 아이디어를 형태화하는 일을 하기 위해서 중요하다고 강조한다.

만들고 싶은 것을 만들까, 잘 팔리는 것을 만들까?

상품 개발자로서 일을 할 때 한 번쯤 맞닥뜨리는 딜레마가 있다. '만들고 싶은 것을 만들어야 할까, 팔리는 물건을 만들어야 할까?'라는 물음이다.

바바 씨는 이렇게 말한다.

"게임은 기호품이지 필수품은 아니다. 엄밀히 말해 게임이 없어도 먹고 사는 데 지장은 없다. 그럴수록 고객에게 '이 게임이 아니면 안 된다'는 애착을 갖게 할 필요가 있다. 그러기 위해서 제작자의 열정과 진정성이 중요하다."

기술은 가르칠 수 있지만 마음은 가르칠 수 없다. 당연한 말이지만 만들고 싶은 것이 없는 사람은 자신만의 철학이 담긴 상품을 만들 수 없다.

날이 갈수록 게임을 즐기는 고객의 안목은 점점 높아지고 개발자는 계속해서 고객의 기대와 예상을 뛰어넘는 아이디어를 내야만 한다. 요즘에는 게임이 점점 대규모 작품화되고 있어 스토리 작가와 디자이너, 프로그래머 등 여러 스태프들이 팀을 이뤄 제작하는 추세다.

최근 게임 제작 현장에서는 10명, 20명, 때로는 100명이 넘는 멤버가 팀을 이뤄 프로젝트를 해나가는 경우도 있다. 인원이 많으면 의견을 한데 모으기 힘들 것 같지만 바바 씨는 "그만큼 여러 가치관과 의견이 부딪혀서 오히려 재미있다"고 말한다.

'누가', '무엇을', '언제'라는 질문이 방향성을 알려준다

게임 개발에서 바바 씨가 의식한 것은 무엇일까? 우선 게임의 방향성을 명확하게 설정하는 것이다.

① 누가 할 게임인가? (=연령, 성별, 소득의 규모나 시간적 여유)

② 무엇을 즐기길 원하는 게임인가? (=게임 디자인의 밑바탕, 주제)

③ 언제 할 게임인가? (=게임 스타일, 타입)

이 세 가지를 철저하게 고민해보고 이해하기 쉽게 세 줄 정도로 표현하는 것이 중요하다. 첫째 게임을 할 사람의 구체적인 이미지를 통해 그의 취향을 검토하고, 둘째 그 사람의 마음을 움직일 수 있는 척도를 결정한다. 셋째로 그것을 확대하고 반복하는 사이클을 게임으로 디자인하게 되는 것이다.

바바 씨가 개발한 야구게임을 예로 들면 메인 타깃은 야구팬이다. 다만, 야구팬이라는 범위만으로는 너무 막연하다. 게임 사용자가 고성능의 가정용 게임기를 사용한다면 핵심적인 게임마니아이고 야구를 좋아하는 25~35세 남성이라는 인물 이미지가 명확해진다. 사람들이 고성능 가정용 게임기에 기대하는 것은 최대한 현실감 있는 볼거리와 야구장이 만들어내는 분위기일 것이다. 그렇게 되면 음향 등에도 신경을 써야 한다.

한편, 최근 들어 늘어난 소셜 게임 사용자를 예로 든다면 이야기는 달라진다. 우선, 집에서 게임을 하기보다 출퇴근하며 이동 중에 소셜 게임을 즐기는 사람들의 비율이 높아졌다. 이러한 분위기를 고려하면, 전철을 타고 이동하는 5~10분 사이에 할 수 있는 게임이 필요할지도 모른다. 물론, 현실감 있는 움직임과 화려한 볼거리에 중점을 두어 게임 제작을 하는 것 역시 힘들다.

같은 야구게임이라도 목표로 하는 방향에 따라 전혀 다른 게임이 되고 전혀 다른 아이디어가 필요하다. 추구하는 방향을 명확하게 잡으면 선택해야 할 아이디어가 바뀌게 된다.

팀으로 프로젝트를 진행할 때는 아이디어를 한데 모아 상품 개발에 필요한 아이디어의 방향성을 팀 전체가 공유하는 것이 가장 중요하다.

사족을 붙이자면, 나도 바바 씨처럼 '전철을 타고 이동하는 5~10분을 고객들이 어떻게 사용하도록 할까?'에 영감을 받아, 5~10분만에 다 읽을 수 있는 책 〈출퇴근 시간을 이용해 일하는 기술〉을 집필했다.

나는 바바 씨처럼 게임을 만드는 것은 아니지만 아이디어의 본질을 알면 어디에든 응용할 수 있다. 덕분에 바바 씨의 아이디어를 잘 활용했다.

실감 나는 게임을 만들자! 골든 이글스 스타디움 프로젝트

게임 프로그램을 만들 때 현실감을 살리기 위해서 게임의 배경이 되는 야구장을 실감 나게 재현하는 데 신경 쓴다고 한다. 이와 관련해 라쿠텐이 일본 프로야구에 참여해 라쿠텐 골든 이글스를 창단했을 때의 일화가 있다. 당시 라쿠텐 구단은 홈구장 건설 문제로 상당히 고생하고 있었다.

일본 프로야구 라쿠텐 구단은 2004년 창단을 선언하면서 연고지에 위치한 센다이 미야기 구장을 홈구장으로 사용한다고 발표했다. 그리고 프로야구의 흥행을 위해 낡은 야구장을 대대적으로 개보수하게 되었다. 그러나 눈이 많이 내린 탓에 보수공사가 늦어져서 2005년 3월에 스타디움이 완공됐다. 공식 일정으로 4월 1일 라쿠텐 골든 이글스와 니시부 라이온즈와의 경기가 예정되었다.

세가에서는 개막식에 맞춰 신제품 야구게임을 출시하려고 했다. 하지만 문제는 스타디움이었다. 설계도조차 나오지 않았고 어떻게 완성될지 알 수 없었기 때문이다. 실감나는 경기를 재현해야 하는데 가장 중요한 야구장을 상상만으로 만들 수는 없는 노릇이었다. 머리를 싸매고 고민하던 중에 스타디움 설계도가 공개되었다.

"이걸로 게임 배경이 되는 야구장 모델을 만들 수 있지 않을까?"

"그래, 이걸로 어떻게든 해보자!"

바바 씨가 설계도를 건네며 디자이너에게 부탁하자 설계도만으로는 힘들다는 대답이 돌아왔다. 설계도만 있으면 3차원 공간에 컴퓨터그래픽으로 만들 수 있을 거라고 생각했지만, 그것만으로는 가장 중요한 야구장의 색상을 알 수 없어 불가능하다고 했다. 디자이너의 말이 옳았다. 도면에는 색이 칠해져 있지 않았다. 바바 씨는 쓴웃음을 지을 수밖에 없었다.

나중에 추가로 정보가 공개되고 나서야 부분적으로 야구장의 색상에 대해서 알 수 있었다. 다행히 건설 중인 야구장을 웹 카메라로 촬영해 라쿠텐 야구단 공식 사이트에 올려놓아서 그것을 수없이 확인했다. 이렇게 바바 씨와 스태프들은 홈구장 개막식에 맞춰 게임을 개발하기 위해 무척 애를 썼다.

여담이지만, 야구장 백네트에 게임 광고판을 내걸었는데 마침 개막전에서 라쿠텐의 선수가 홈런을 날렸다. 덕분에 그날 각 방송국 뉴스에서 자신들이 개발한 게임 광고판을 몇 번이나 볼 수 있었다고 한다.

본론으로 돌아가, 개발해야 하는 게임의 콘셉트를 정했다면 다음은 그 구상에 맞추어 지엽적인 부분의 아이디어를 늘려가야 한다. 이 작업은 아이디어 확장을 잘하는 멤버에게 담당하게 했다. 한번 방향이 결정된 후에는 떠오른 아이디어를 발전시켜서 최종적으로 재미있게 할 수 있는 게임으로 만들어야 한다.

팀에서 아이디어를 구체화하는 비결은 아이디어를 낼 수 있는 능력에 따라 각 멤버를 알맞게 배치하는 것이라고 바바 씨는 강조한다. 심심풀이로 주변 사람이 아이디어 발굴형인지 아이디어 확장형인지 분류해보는 것도 재미있을 것이다.

아이디어를 발전시키려면 팀원 간의 소통을 늘려라

게임 개발을 하면서 바바 씨가 팀원들에게 요구한 것은 팀 동료에게 아이디어를 전달하는 힘을 기르라는 것이다.

아이디어를 발전시켜 나가기 위해서는 커뮤니케이션 능력과 의사소통 능력이 중요하다. 또한 팀 동료는 물론이고 게임 사용자에게 아이디어의 재미가 전달되어야 한다. 아이디어를 발전시켜 상품으로 내놓기까지 개발자와 고객 사이에 있는 모든 사람들에게 아이디어의 가치를 전달해야 한다. 개발자가 생각하는 것을 영업사원에게 전달하지 못하면 고객이나 시장에 그 의도가 올바르게 전달될 가능성도 적다.

처음부터 정확하게 의도를 파악하고 아이디어의 가치를 전달하면 상대방에게 틀림없이 전달된다. 이 경우 개발과는 다른 시점에서 새로운 아이디어가 제공되는 경우도 있다. 무엇보다 게임을 파는 사람, 즉 영업사원도 자신이 게임 제작에 참여하는 팀의 일원이라는 점을 자각한다면 애정을 갖고 상품을 판매할 수 있을 것이다.

바바 씨는 의사소통 능력을 기르기 위해서 아침회의 때마다 팀원이 보고한 내용에 대해 돌아가며 한 사람씩 질문하는 방법을 적용했다고 한다. 이렇게 하면 옆사람의 질문을 통해 자신의 전달방식이 충분하지 못했다는 것을 알 수 있고, 질문하는 사람의 커뮤니케이션 기술도 향상된다. 팀장의 일방적인 질문만으로 끝나는 것이 아니라 팀원 간의 소통까지 꾀할 수 있는 독특하고도 훌륭한 구조임에 틀림없다.

어려운 아이디어는 아무리 좋아도 쓸모없다

제작자 입장에서 보면 지극히 당연하다고 여겼던 것이 게임 사용자인 고객의 입장에서는 당연하지 않은 경우가 수없이 많다. 아무리 좋은 아이디어라 해도 이해하기 쉽게 전달하지 않으면 그 아이디어는 빛을 발하지 못한다.

게임으로 설명하자면, 좋은 아이디어를 전달하기 위해서는 게임 화면이나 메뉴 디자인이 상당히 중요하다. 예를 들어 바바 씨가 개발하던 야구나 축구 총감독이 되어보는 게임에서는 선수를 '해고한다'는 명령이 필요하다. 매년 새로운 선수를 영입하려면 선수를 교체할 수밖에 없기 때문이다. 그런데 이렇게 중요한 명령을 어려운 조작으로 만들었다면 어떻게 될까?

조작 명령이 계층 구조로 되어 있는 게임은 좋지 않다. 특히 시뮬레이션 게임처럼 지시 사항이 많은 게임은 명령이 계층화되어 있다. 모든 명령어를 나열했을 때, 이 '해고한다'는 명령이 세 번째 계층에 배치되어 있으면 만드는 입장에서는 편하다고 생각할 수 있을 것이다. 하지만 게임 사용자인 고객 입장에서는 해고 명령어를 찾기 힘들지도 모른다. 자연스럽게 해고라는 명령에 눈이 가도록 시선을 유도하거나 화면을 전환시켜야 한다. 이를 자연스럽게 전하기 위한 유저 인터페이스를 만드는 일은 매우 중요하다.

지금까지 바바 씨의 팀은 고심하며 아이디어를 짜냈지만 잘 만들었다고 자부하던 인터페이스가 좋은 평가를 받은 적은 없다고 한다. 왜냐하면 고객은 편리한 인터페이스를 알아채지 못하기 때문이다. 반면에 불편한 인터페이스는 당장 티가 나고 엄청난 스트레스를 받기 때문에 잘못하면 혹평을 받게 된다.

이러한 예로 알 수 있듯이 게임 안에 투입된 아이디어는 무수히 많아서 눈치 채기 어려운 아이디어도 많다. 바바 씨는 "어떤 아이디어라도 핵심을 세 줄로 간추리고, 서로 충돌하는 부분은 없는지 주의하면서 아이디어를 확장해 나가면 고객이 스트레스 받지 않고 즐길 수 있는 게임을 만들 수 있다"고 이야기한다.

그러고 보면 나이가 든 사람들은 페이스북 같은 난해한 계층구조를 가진 웹사이트에 접속하면 상당히 스트레스를 받는다. 좋은 디자인이었다면 불편을 크게 의식하지 않았을지도 모른다.

좋은 물건이 잘 팔리는 것은 아니다

바바 씨는 매뉴얼 없이 할 수 있는 쉬운 게임을 만들고 싶어 했다. 편리한 인터페이스와 연출에 들어가는 개발비용을 줄이고, 대신 카메라나 색의 배치, 화면의 변화, 시점의 조절 등을 연구하면 매뉴얼이나 도움말이 필요 없는 게임을 만들 수 있지 않을까? 이런 게임이야말로 가장 이상적인 게임일 것이라고 바바 씨는 생각했다.

그러나 바바 씨는 이렇게 말한다.

"좋기만 해선 안 됩니다. 재미있어도 팔리지 않는 게임은 얼마든지 널려 있거든요. 팔기 위해서는 한 차원 높은 아이디어를 생각해야 합니다. 개발에서 시판까지의 흐름과 노출, 판매 후 전개될 상황에 대한 준비와 그 준비가 보다 효과적으로 운용되는 흐름을 만들지 않으면 팔리는 물건을 기대할 수 없습니다."

나는 카오에서 제품 개발만 담당했을 뿐, 개발 제품에 대한 미디어 전략이나 홍보를 직접 담당한 적이 없다. 그러나 바바 씨의 이야기를 듣고 있자니 팔리는 아이디어, 팔리는 상품을 창안하기 위한 특징이 바로 이것이라는 것을 절실하게 느꼈다.

책을 펴낼 때도 이 방법을 적용할 수 있다. 나도 바바 씨에게 배운 방법을 응용해서 책의 내용에 대한 아이디어와 그 책을 팔기 위한 아이디어를 혼합시켜 글을 썼다. 덕분에 그동안 쓴 책 17권 중 재판을 찍은 게 13권이나 된다. 참고로 출판 업계에서 일반적으로 재판을 찍는 비율이 20~30%라고 하는데, 내 경우는 76% 정도 된다. 이것은 내 능력이 아니라 바바 씨에게 전수받은 비법 덕분이다.

예를 들어, 바바 씨가 제작한 게임에서는 '재미있다'고 느끼게 되는 포인트가 상당히 빨리 등장한다. 재미있는 사이클로 유도하지 않으면 금세

지루함을 느끼기 때문에 유저의 기분 변화에 맞춰 재미 요소를 절묘하게 배치했다. 나도 책을 쓰면서 독자의 사이클을 고려해 재미 요소를 군데군데 배치했다.

게임 캐릭터 홍보를 위해 콜라보레이션에 집중하다

요즘 게임은 언제, 어디서, 어떤 형태로 노출시킬지를 염두에 두고 개발 단계에서부터 계획적으로 노출이 이루어지는 사례가 증가하고 있다. 다양한 제품과 콜라보레이션을 하거나, 인기 탤런트를 게임 캐릭터 모델로 기용하는 등 어떻게 하면 고객들의 주목을 끌 수 있을지 아이디어를 총동원한다. 물론 이런 홍보 활동도 게임의 주제와 연계되지 않으면 의미가 없기 때문에 바바 씨 같은 리더의 역할이 중요하다.

콜라보레이션이 이루어지면 텔레비전 광고나 게임잡지 광고, 홍보성 기사 등과 같은 일반적인 노출 외에도 제휴 상대에 따라 새로운 가능성이 펼쳐지기도 한다. 예를 들어 '전국 바사라(캡콤)'나 '용과 같이(세가)' 게임은 라면회사와 제휴함으로써 공동제작 상품이 슈퍼나 편의점에 진열되었다. '파이널 판타지(스퀘어 에닉스)'는 신작 출시에 맞춰 게임에 등장하는 마법의 약 '포션'을 자양강장 음료로 시판하기도 했다. 참고로 포션의 제조와 판매는 음료회사 산토리에서 담당하고 있다.

파이널 판타지는 FF라는 약자로 불리기도 하는데, 당시 내가 카오에서 담당하던 제품 역시 FF로 불리는 여성용 화장품 '소피나 파인핏'이었다. 그래서 장난 삼아 스퀘어 에닉스에 근무하는 마케터에게 소피나 파인핏을 선물했는데 아무래도 마케터는 그 의미를 이해하지 못했는지 그저 고맙다고만 할 뿐 별다른 반응이 없었다.

현재의 소비 패턴을 보면 텔레비전 광고 등을 통해 상품을 접하기보다 슈퍼에 가서 물건을 고르다가 무심코 보게 되는 빈도가 늘어났다. 최근에는 편의점 계산대의 구매 금액이 표시되는 액정화면에 광고가 나오는 경우도 눈에 띈다.

또한 디지털 사이니지(디지털 정보 디스플레이를 이용한 옥외광고) 같은 광고매체에 노출시키기 위해서 유명 연예인을 게임 캐릭터로 쓰거나 그들의 목소리를 넣어 게임 마니아 이외의 고객층의 관심을 끌기도 한다. 신작 게임을 발표할 때도 영화 시사회의 무대인사처럼 성우나 캐릭터 모델들이 나와 무대인사를 하는 사례도 더 이상 신기한 일이 아니다. 이들은 게임 전문 채널 외에 다양한 예능 프로그램에 출연해 게임 캐릭터를 알리는 역할을 하기도 한다.

이것은 영상 기술의 발달로 사람과 쏙 빼닮은 캐릭터를 만들어내거나 영화 못지않은 장면을 제작하는 것이 가능해졌기 때문이다. 여기에 현장감 넘치는 성우의 더빙이 가미되어 게임도 영화처럼 출연자 발표회를 할 수 있게 된 것이다.

고객이 기대하는 것 이상의 재미를 추구해온 게임업계에서는 이처럼 다양하고 새로운 아이디어와 방법이 시도되고 있다.

사용자들도 단순히 게임을 즐기는 것에 그치는 것이 아니라 바바 씨처럼 제작자들이 어떻게 전략을 세우고 어떠한 아이디어를 도입했는지 상상해보면 새로운 재미를 발견할 수 있을 것이다. 그러다 언젠가 게임 제작 감독이 되어보는 게임을 즐길 날이 올지 누가 알겠는가.

4

역발상에서
블루오션을 발견하다

증권의 블루오션, 마쓰이 증권 야간선물

아이디어는
현장에 있다

이번 장에서는 인터넷 거래 전문 '마쓰이 증권'에서 신상품 개발을 담당한 와타나베 마사시 씨의 사례를 소개한다. 그의 일화를 통해 아이디어를 형태화하는 방법을 파헤쳐보자.

와타나베 씨는 특별한 경력의 소유자다. 마쓰이 증권을 퇴사하고 학생이 되어 와세다 대학원에서 MBA를 마쳤다. MBA 수료 후 새로운 직장을 구할 작정이었으나 다시 마쓰이 증권에 들어갔다. 지금은 마쓰이 증권의 임원이 될 정도로 실력을 인정받고 있지만, 회사를 그만둔 뒤 대학원에서 공부하고 다시 전 직장으로 복귀하는 것은 그때나 지금이나 이례적인 일이었다.

와타나베 씨와의 인연은 그가 대학원에서 석사 논문을 쓰기 위해 카오사원이던 나를 취재하러 오면서 시작되었다.

와타나베 씨는 아이디어 방법론에 대한 책을 읽고 난 후 현장에서 일하는 개발자와 인터뷰하면서 살을 붙여 자기 나름의 아이디어 발상법을 완성했다. 논문을 쓰던 당시, 그는 이 이론을 사용하면 어떤 사람도 신상품을 개발할 수 있을 거라 생각했다고 한다.

마쓰이 증권에 재취업한 후에는 전에 일했던 부서인 홍보팀이 아니라 신상품 개발 부서로 배치되어 자신이 만든 이론을 실제 업무에 활용했고, 괄목할 만한 결과를 냈다.

석사 논문의 내용은 〈MBA 학생이 쓴 크리에이티브 교과서, 논리력보다 창조력 – 팀에서 창조적인 아이디어를 생각해내는 방법〉이라는 책으로 정리해 고단샤에서 출판하기까지 했다.

마쓰이 증권, 일본 최초로 인터넷 주식거래 시작

이미 이름을 들어본 사람도 많겠지만 우선 마쓰이 증권이 어떤 회사인지 알아보자. 아이디어를 내기 위해서는 그 전제가 되는 제약조건을 고려해둘 필요가 있기 때문이다.

증권회사에서 신상품을 내놓는 것과 제조사에서 신상품을 만드는 것은 그 환경이나 결과물이 다르지만, 아이디어를 내고 형태화하는 순서나 방향은 동일하다. 분야는 다르지만 방향성이라는 측면에서는 동일한 7장 IT 서비스 업체 시미즈 마사히로 씨 사례와 비교하며 읽으면 도움이 될 것이다.

마쓰이 증권은 개인투자자를 상대로 인터넷에서 주식이나 선물, 외환 거래를 중개하는 인터넷 거래 전문 증권회사다. 인터넷 전문 증권회사라고 하면 창업한 지 얼마 되지 않은 벤처기업을 떠올릴 것이다. 하지만 마쓰이 증권은 1918년 창업하여 90년 이상의 역사를 가진 전통 있는 증권회사다. 예전에는 영업사원이 직접 투자자에게 주문을 하는 아주 평범한 증권회사였다.

그런데 현재의 마쓰이 증권 사장이 버블경제 붕괴 직후부터 장래의 비용 경쟁을 간파하고 사업의 재구축을 위해 타사에 앞서 대담한 구조조정을 단행했다.

우선 인건비와 점포 비용이 드는 영업사원과 영업점을 모두 폐쇄하고 대면 영업에서 콜센터 영업으로 사업 모델을 완전히 바꾸었다. 이어서 인터넷이 보급되기 시작하자 이번에는 시작한 지 얼마 되지 않은 콜센터를 폐쇄하고 일본 최초로 본격적인 인터넷 주식거래를 개시했다. 당시에는 인터넷으로 주식을 거래한다는 것은 생각도 못할 때라서 분명히 실패할 것이라는 견해가 일반적이었다.

그러나 인터넷이 급속도로 보급됨에 따라 인터넷 주식거래가 비약적으로 늘어났다. 그 결과 중소 증권사에 불과했던 마쓰이 증권은 개인 주식거래액에서 노무라 증권과 같은 대형 증권사를 앞지를 만큼 성장해 오래된 업계 질서를 완전히 바꾸었다. 그밖에도 일본 최초로 '주식 위탁매매 수수료 무료화'를 실시하는 등 구태의연한 관습에 얽매이지 않는 정책을 잇달아 실행했다. 덕분에 마쓰이 증권 사장은 '증권업계의 혁명아'로 불리게 되었다. 이노베이션을 권장하며 수많은 신금융 서비스를 제공해온 마쓰이 증권 역시 '증권업계의 혁신 아이콘'으로서 세상에 알려지게 되었다.

와타나베 씨는 이러한 독특한 분위기의 회사에서 줄곧 홍보 업무를 담당하다가 와세다 대학원에서 연구하고 배운 창조력(아이디어를 생각해내는 방법론)을 바탕으로 신상품 개발에 뛰어들었다.

틈새 시장을 노린 '야간거래' 아이디어

여기서는 와타나베 씨가 깨닫게 된 것이 무엇인지에 대한 설명은 접어두고 그가 개발한 상품과 개발 경위를 소개하도록 하겠다.

아이디어란 기존의 것에 새로운 것을 조합한 것이다. 이 새로운 조합법을 어떻게 유연하게 생각해내느냐가 관건이다. 유연하게 생각해내는 것에도 방법은 있다. 지금까지 조합해보지 않은 방향으로 생각하면 된다. '다른 회사와 반대로 해보면 어떨까?'를 생각하는 것이 포인트다.

와타나베 씨가 개발한 것은 마쓰이 증권이 2008년에 인터넷 증권사로는 처음 시작한 야간 선물거래라는 상품이다. 야간 선물이란 마쓰이 증권이 붙인 이름으로, 실제로는 CME(시카고 증권거래소)라는 해외 거래소로 상장한 '닛케이 225 선물'을 말한다. 지금은 시카고 증권거래소 닛케이 225

선물이 24시간 거래지만 당시에는 일본 시간으로 오후 8시부터 다음 날 아침 5시 15분까지 밤 시간에만 거래했기 때문에 야간 선물이라고 이름 붙여졌다.

닛케이 225 선물은 시카고만이 아니라 일본 오사카 증권거래소에서도 거래되었으며, 오전 9시부터 오후 7시 사이에만 거래할 수 있었다. 다음은 2007년 당시의 거래시간을 나타낸 표다.

•• 2007년 닛케이 225 선물의 거래시간

오사카 증권 거래소(낮)	오사카 증권 거래소(저녁)	시카고증권거래소(야간)
9:00 ── 15:10	16:30 ── 19:00	20:00 ── 다음 날 5:15

※시카고의 거래시간은 여름

눈치 빠른 독자라면 알아차렸겠지만 와타나베 씨는 낮 동안의 거래를 반대로 생각해서 야간에 거래한다는 아이디어를 떠올렸다.

오사카 증권거래소의 닛케이 225 선물은 이미 많은 인터넷 증권사가 다루고 있었기 때문에 낮 동안의 거래는 이미 기반이 갖춰져 있었다. 그러나 야간에는 거래시간에 공백이 있었다. 여기에 기회가 숨어 있다고 생각한 와타나베 씨는 다른 경쟁사를 제치고 야간 선물거래를 도입했다.

경쟁사의 동향을 통해 블루오션을 발견하다

그러면 야간 선물이라는 아이디어를 떠올린 2007년 당시의 증권시장을 살펴보자. 당시는 투자신탁 붐이 일었던 시기로, 증권회사뿐만 아니라 은행과 우체국까지 투신 판매를 강화하고 있었다. 일본 투자신탁협회에 따르면 2007년 말 순 자산액은 79조 엔으로 과거에 비해 최고 금액이었다.

일반적으로 투자신탁은 주식보다 위험성이 낮고 초보자에게 적합한 상품이라는 인식이 지배적이었다. 각 투신사들은 투자 경험자들을 어느 정도 확보했기 때문에 이제부터는 미경험자나 초보자들을 고객으로 만들기 위해 투신 판매에 열을 올렸다.

와타나베 씨는 이러한 업계 상황을 바라보며 그 시점에서 역발상을 시도했다. 그는 다음과 같이 말했다.

"투신 시장은 레드오션이 되고 있습니다. 이렇게 피나는 경쟁환경 속에서 승부하는 것은 수지가 맞지 않아요."

와타나베 씨는 경쟁사들의 움직임을 살피며 다른 분야에 블루오션이 있을 것이라 생각했다. 그리고 그것이 무엇일지 찾아봤다. 무엇보다도 경쟁사들이 초보자를 위한 투신에 주목하고 있다는 것은 반대로 주식 고수들을 위한 상품은 신경 쓰고 있지 않다는 의미일지도 모른다. 그러고 보니 선물거래를 강화하고 있는 회사는 거의 없었다. 여기에 기회(블루오션)가 있을지도 모른다고 생각했다. 와타나베 씨는 이러한 착상에 근거해 선물거래와 관련된 신상품 개발에 몰두하게 되었다.

•• 2007년 당시의 다른 경쟁사의 움직임

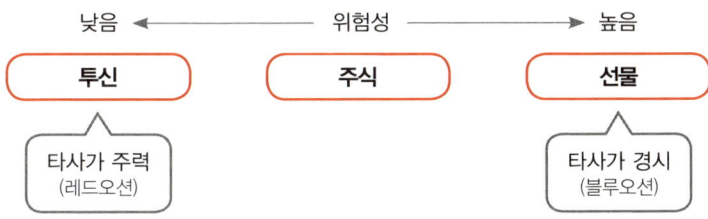

•• **블루오션이란** INSEAD(유럽경영대학원)의 김위찬 교수와 르네 마보안 교수의 저서 〈블루오션 전략 – 경쟁이 없는 세계를 창조한다〉에 등장하는 개념이다. 쉽게 말하면 붉은 피를 흘려야만 하는 치열한 경쟁 영역을 '레드오션'이라 부르는데 레드오션에 뛰어드는 것이 아니라, 경쟁이 없는 미개척시장인 '블루오션'을 추구하자는 것이다.

야간거래와 선물거래의 조합

'새로운 아이디어는 기존 요소의 조합에 지나지 않는다'는 원칙을 철저히 학습한 와타나베 씨는 선물거래의 신상품 개발에 대해 고심하던 중, 문득 '야간거래와 조합하면 어떨까?'라는 생각을 했다.

'일본에서는 선물을 야간에 거래하는 것이 불가능하지만 해외시장을 이용하면 가능할지도 모른다. 그리고 보니 시카고 거래소에 닛케이 225 선물이 상장됐으니 이를 이용하면 가능할 것이다'라는 아이디어에 이르게 되었다. 다시 말해 낮에는 일본에서, 밤에는 해외에서 같은 선물상품을 취급하자는 발상이다. 다행히 다른 경쟁사들은 이러한 조합을 상상도 하지 못했기 때문에 기회(블루오션)가 될 수도 있었다.

그러나 선물을 야간에 거래하는 것에 대해 고객의 수요가 있는지에 대해서는 확신이 없었다. 설령 새로운 상품이라도 고객의 수요가 없으면 헛수고로 끝나버린다. 그래서 야간 선물거래에 그럴 만한 가치가 있는지 조사하기로 했다.

두 가지의 거래를 조사해보았더니 선물거래의 경우 오사카 선물거래가 2006년에 '닛케이 225 미니'라는 상품을 내놓아서 투자자들이 급격히 늘었다는 사실을 알 수 있었다. 이 상품은 투자자금이 기존의 10분의 1에 불과하기 때문에 소액자금으로 거래를 하고 싶어 하는 투자자가 새롭게 참여하고 있었다. 데이터를 보면 개인투자자의 닛케이 225 선물 및 미니의 매매

•• 각 거래의 조합

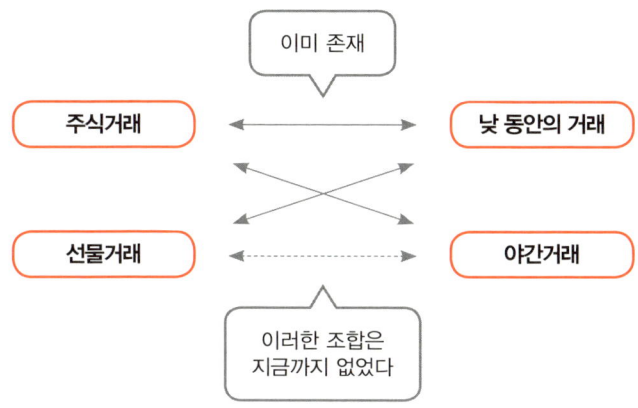

대금은 2006년도에 약 85조 엔에서 이듬해인 2007년도에는 약 154조 엔
으로 두 배 가까이 뛰었다. 와타나베 씨는 이 데이터에서 선물거래는 고객
의 수요가 있고 앞으로 더욱 발전해갈 것이라고 확신했다.

가설을 데이터로 명확히 하고 리스크를 줄인다

문제는 야간거래였다. 야간거래는 지금까지 낮 시간 거래의 보조적인 역할
로 자리매김되어 있었다. 다시 말해 야간에는 가격변동이 적고 적극적으로
거래할 수 없기 때문에 투자하는 재미가 적다는 인식이 자리 잡고 있었다.

•• 2007년도의 각 거래시간 1일 가격변동(높은 가격 – 낮은 가격)

	낮(오사카 증권) 9:00~15:10	저녁(오사카 증권) 16:30~19:00	야간(시카고 선물) 20:00~다음날5:15
가격변동 폭	199엔	78엔	236엔

※2007년 1년간의 평균치(저녁은 2007년 9월 18일~12월 28일의 평균치)

그리고 다른 경쟁사가 실시한 주식의 야간거래 상황을 조사해보니 역시 가격변동이 적기 때문에 거래량도 적었고, 따라서 개인투자자에게는 생소할 수밖에 없었다. 선물시장에서도 오사카 증권거래소가 2007년부터 닛케이 225 선물의 야간거래를 개시하고 있어서 조사해봤더니 수요가 있다고 말하기엔 어려운 상황이었다. 역시 가격변동이 크지 않아 낮 동안 거래량도 얼마 되지 않았다.

조사를 계속해나가던 중 와타나베 씨는 뜻밖의 사실을 발견했다. 닛케이 225 선물의 하루 가격변동을 오사카 증권거래소와 시카고 거래소를 비교했더니 정규시간 거래를 하는 오사카 거래소보다 야간거래를 하는 시카고 거래소(물론 시차를 고려하면 시카고는 낮이지만)가 가격변동이 크다는 사실이었다.

와타나베 씨는 이 귀중한 데이터를 보고 낮보다 가격변동이 큰 야간 선물거래는 적극적인 투자자에게 매력적인 상품이 될 것이라고 확신했다.

와타나베 씨는 돌다리도 두드려보고 건넌다는 심정으로 과거 20년간의 가격변동을 조사했다. 그 결과 야간의 가격변동은 매년 커지고 있다는 것을 알게 되었고, 야간 선물에 대해 한층 더 강하게 확신했다.

지금까지 선물거래는 경험 많은 투자자에게만 한정된 거래였고 성장의 기미가 저조하다는 의견이 지배적이었다. 그뿐만 아니라 야간거래는 고객의 수요도, 성장여력도 없는 거래라고 여겨졌다.

그러나 선물거래의 확산, 야간 가격변동의 확대라는 시대 변화에 따라 이 두 가지가 조합된 야간 선물은 앞으로 크게 성장할 것임을 예측할 수 있었다. 와타나베 씨는 자신감을 가지고 야간 선물거래가 마쓰이 증권의 새 상품이 될 수 있을 거라 굳게 믿었다.

콘셉트는 야간 단타 매매

여기까지는 야간 선물이라는 아이디어를 떠올린 것에 불과하다. 이후에는 상품의 콘셉트를 정해야 한다. 여기서 말하는 콘셉트란 상품의 특장점을 나타내는 한 단어로 이루어진 광고 카피다. 와타나베 씨가 야간 선물 판매를 개발팀 멤버들과 함께 의논할 때 두 가지 항목이 언급되었다.

① 야간이라도 활발한 거래가 가능한 점
② 야간에 위험 회피(헤지: hedge) 거래가 가능한 점

•• 시대 변화에 따른 야간 선물의 가치

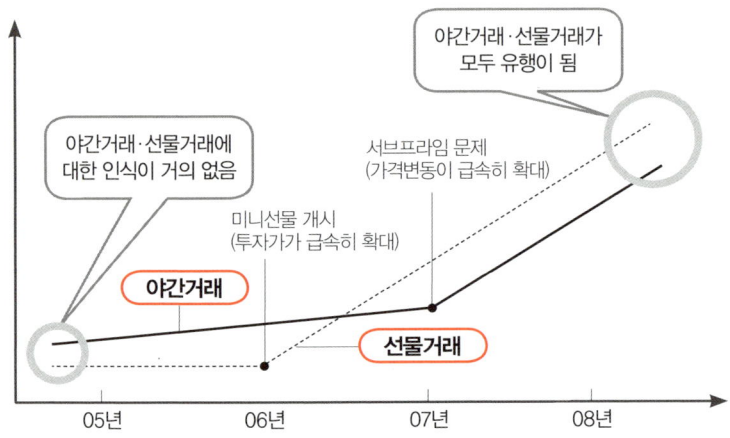

시대의 변화에 따라 야간선물이 가치 있는 상품으로 바뀌었다.

①은 야간에는 가격변동이 크기 때문에 낮 시간과 마찬가지로 야간에도 이익을 얻기 위해 적극적으로 거래할 수 있다는 의미다.

②에서 언급한 헤지 거래란 보유하고 있는 손실을 상쇄시키는 거래로, 굳이 말하자면 손실을 지키려는 측면이 있다.

와타나베 씨 팀은 공격과 수비 중 어느 것을 카피로 내세울지 의논했다. 지금까지의 상식에 따르면 일반적으로 야간에는 가격변동이 없기 때문에 적극적인 거래(공격)는 불가능하니까 헤지 거래(수비) 외에 장점이 될 요소가 없었다. 그러나 조사 결과 야간의 가격변동이 커지고 있다는 것을 알게 되었으므로 정규거래 이상으로 활발한 거래가 가능할 것이라고 판단했다. 단순하게 생각하면 야간에도 활발한 거래를 할 수 있다는 것이지만 이것만으로는 큰 인상을 주지 못했다. 그래서 좀 더 직접적인 표현을 사용하기로 했다.

"야간에 데이 트레이드를 할 수 있습니다."

데이 트레이드란 그날 산 주식을 그날 파는 단타 매매를 이르는 말로, 보통은 정규거래 때만 한다는 것이 일반적인 생각이었다. 야간에 데이 트레이드를 할 수 있다는 것을 광고카피로 정하자, "어? 밤에도 데이 트레이드를 할 수 있어?"와 같은 반응처럼 일반적인 인식과 확연히 다른 차이를 느끼게 되는 것이다.

야간 선물 아이디어는 이런 식으로 마쓰이 증권의 신상품이 되었다.

창조적인 아이디어를 탄생시키는 비결

와타나베 씨는 와세다 대학원에서 공부한 내용을 실제 비즈니스 현장에서 활용해 신상품 개발이라는 성과를 이뤘다. 마지막으로 그가 배운 방법론 중 하나를 소개하고자 한다.

하버드 경영대학원의 테레사 M. 아마빌 교수가 제창한 이론에 따르면 창조력이란 '전문지식', '창조적 사고', '동기부여' 세 가지 구성요소가 모든 기능을 할 때 발휘된다고 한다.

1 전문지식

아마빌 교수는 "전문지식은 모든 창조 활동 중에서 기초를 이루는 것이며, 필수불가결한 것"이라고 주장한다. 전문지식을 갖추지 못한 사람이라도 분명 참신하고 기발한 아이디어를 낼 수 있다. 그러나 미숙한 발상으로 실현 가능한 수준의 아이디어를 이끌어내기 어렵다.

가루비의 야나이 씨도 전문성을 갖고 있었던 덕분에 아이디어를 실현할 수 있었다. 마쓰이 증권의 와타나베 씨도 마찬가지다. 야간거래는 증권사에 갓 입사한 사람이 낼 수 있는 아이디어가 아니다.

아마빌 교수의 이론에 조금 덧붙이자면, 전문지식 외에 주변지식을 미리 준비해두면 아이디어가 보다 맛깔스러워진다. 야나이 씨의 경우 '자가 리코 + 디자인 바코드'였고, 와타나베 씨는 '투자와 관련된 전문지식 + 아이디어를 이끌어내는 방법론'이었다.

2 창조적 사고력

아마빌 교수가 말하는 창조적인 사고력이란 따로따로 흩어져 있던 것들을 조합하는 능력을 가리킨다. '구슬이 서 말이라도 꿰어야 보배'라는 속담처럼 고도의 전문성과 지식을 갖고 있더라도 연결하지 못하면 그 지식들은 단순한 정보에 불과하다. 조합하는 능력이야말로 아이디어를 이끌어내기 위한 핵심인데, 이 연결고리를 찾는 방법이 있다.

그 방법은 지금까지 어울리지 않다고 생각한 것들을 조합해보는 것이다. 와타나베 씨가 시도한 것처럼 뒤집어 생각해보면 의외의 조합을 발견할 것이다.

분명 와타나베 씨 말고 다른 선물거래 사용자도 닛케이 225 선물에 대해 아주 잘 알고 있었을 것이다. 하지만 이것을 야간거래와 조합하여 아이디어를 낸 사람은 없었다.

조합이 핵심이라면 조합할 대상에 대해 많이 알아두는 편이 유리하다. 이때 전문지식과 주변지식이 빛을 발한다. 다만 지식을 마구 뒤섞는 것에 그치는 것이 아니라 기발한 조합이 되도록 하는 것이 중요하다. 언뜻 보면 역발상은 단순하지만 효과는 크다. 이것에 대해서는 7장 IT 벤처기업의 신사업 개발 사례에서 더 자세히 설명하겠다.

3 동기부여

동기부여는 아이디어를 내려는 의지와 그것을 싹띄울 수 있는 환경이다. 참고로 아마빌 교수는 "창조성을 발휘할 때 가장 중요한 것은 동기부여"라고 주장했다. 하기 싫은 일을 억지로 하면 좋은 아이디어가 나올 수 없다.

와타나베 씨는 '대학원에서 공부한 내용을 써보고 싶다. 새로운 가치를 세상에 제공하고 싶다'는 강렬한 소망이 있었고 마쓰이 증권도 신상품 개발을 적극적으로 장려하는 분위기였다. 개인의 의사뿐만 아니라 팀이나 회사가 처한 환경이 아이디어를 내려는 마음에 불을 붙이기도 하고, 모처럼 피어오른 불씨를 꺼뜨릴 수도 있다.

동기부여를 컨트롤하는 방법은 매우 중요해서 그 주제만으로 책 한 권을 쓸 수 있을 정도라 더 이상의 언급은 불필요할 것이다. 하지만 동기부여

•• 창의성을 높이는 요소

상위개념	하위개념	정의
지식	전문지식	• 특정 분야에서 전문적인 지식을 갖고 있다.
	주변지식	• 다양한 분야의 광범위한 지식을 갖고 있다.
창조적 사고력	–	• 여러 개의 아이디어를 조합해 새로운 가치를 창조해낼 수 있다. • 문제를 새로운 시각에서 다시 바라보며 발상할 수 있다. • 개개의 현상과 아이디어에 숨겨진 본질을 파악할 수 있다.
동기부여	–	• 아이디어를 창조해내려는 강한 동기를 갖고 있다.
의사소통 능력	경청	• 타인의 아이디어를 듣고 다양한 가치관을 받아들이려는 자세가 있다.
	발언	• 자신의 생각을 적극적으로 진술하려는 자세가 있다.
	협조	• 자신의 아이디어만을 고집하지 않고 타인의 아이디어를 존중하는 자세가 있다.

출처 : 〈MBA 학생이 쓴 크리에이티브 교과서, 논리력보다 창조력 – 팀에서 창조적인 아이디어를 생각하는 방법〉(와타나베 마사시 저, 고단샤 간)

가 정말 중요하다는 사실만큼은 명심해야 한다.

그 밖에도 많은 핵심 포인트가 있지만 여기까지 책을 읽은 독자 여러분은 아이디어를 도출해내는 법칙이 있다는 것을 깨달았을 것이다.

여기서 덧붙이고 싶은 말은 와타나베 씨는 아이디어 하나하나를 입증하려는 노력을 소홀히 하지 않았다는 것이다.

금융상품에서는 대규모 시스템 개발이 필요하기 때문에 신규 서비스를 시작하려면 투자도 커지기 마련이다. 업계의 규제나 규정도 많기 때문에 이러한 규칙이 맞는지 다양한 각도에서 조정해나가야 한다. 와타나베 씨는 그러한 업계의 틀 안에서 야간거래와 선물거래를 조합한 야간 선물이라는 새로운 상품을 만들어내는 데 성공했다.

그런 와타나베 씨가 다니는 마쓰이 증권은 인터넷 거래와 주식거래의 조합을 다른 회사보다 먼저 실현한 덕분에 인터넷 시대에 발맞추어 큰 성장을 이룰 수 있었다.

어떤 의미에서 아이디어의 방향성은 같다. 다만 여기서 중요한 것은 상식이라는 벽을 어떻게 깰 수 있느냐는 점이다. 증권회사의 실적은 영업사원의 우열로 결정된다는 구태의연한 상식에 얽매였다면 인터넷 거래에 발을 내딛을 수 없었을 것이다.

다른 예로 구글의 경우가 있다. 구글은 광고와 인터넷을 조합함으로써 높은 수익을 얻었다. 이것도 광고는 광고회사에 의뢰하는 것이라는 상식에 얽매였다면 실행할 수 없었던 서비스다.

•• 팀에서 개발한 주요 신상품

2008년 6월	야간 선물거래(CME 닛케이 225 선물)	주요 인터넷 선물거래에서 최초
2010년 2월	오사카 증권거래소 외환거래	대형 인터넷 선물거래에서 최초
2010년 4월	야간 선물에서의 시간한정 소액증거금 계좌	일본 내 인터넷 선물거래에서 최초
2010년 6월	세계 리얼타임 차트(미국판)	주요 인터넷 선물거래에서 최초
2010년 8월	주식에서의 아이폰 어플 거래 기능	일본 내 인터넷 선물거래에서 최초
2011년 3월	선물에서의 아이폰 어플 거래 기능	대형 인터넷 선물거래에서 최초
2011년 9월	선물에서의 안드로이드폰 어플 거래 기능	대형 인터넷 선물거래에서 최초

마지막으로 좋은 아이디어라고 인정받기 위해서 주의할 점이 있다. 바로 '시대를 반영하고 있는가'라는 것이다. 마쓰이 증권이 성공한 요인 중 하나는 인터넷이 비약적으로 발전한 시대의 흐름을 정확하게 파악했다는 것이다. 야간 선물거래도 선물거래에 대한 고객의 수요가 높아졌다는 흐름을 파악했기에 성공할 수 있었다.

세상에는 깜짝 놀랄 만한 아이디어가 수없이 많지만 그중에는 실현되지 못한 채 사라진 아이디어도 있다. 시대의 흐름에서 벗어난 생각이었기 때문이다. 미래를 예측하는 것이 쉬운 일은 아니지만 의식적으로 노력하지 않으면 모처럼 잡은 기회도 놓쳐버릴 수 있다.

일본 전국시대의 한 장수는 수적으로 열세였던 전투에서 적군의 부대가 공격해오는 타이밍을 밥 짓는 연기의 움직임으로 눈치채고 승리로 이끌었다고 한다. 밥 짓는 시간이 평소와 다르고 연기의 양이 더 많은 것을 보고 전쟁에 대비하여 군량을 준비하고 있다는 사실을 알아챈 것이다.

전력이 비슷하더라도 시대의 흐름과 타이밍을 놓치면 크게 패하게 되며, 이길 기회를 잡으면 고생하지 않고 커다란 승리를 거둘 수 있다.

5

아이디어가 모여
스토리가 된다

생활의 발견, 산토리 우롱차

생활에서
힌트를 발견하다

'산토리 우롱차'의 브랜드 매니저 카자마 시게아키 씨와 이야기를 나누다 보면 이야기의 논점이 흐려질 때가 있다. 그럴 때마다 그는 입버릇처럼 "요컨대 ~란 말이죠?"라고 묻곤 한다. 사적으로 만날 때 그는 늘 이런 식으로 우리의 대화를 정리한다.

그런데 회사에서는 그렇지 않은 모양이다. 카자마 씨가 회사에서 자주 쓰는 말은 "그래서?" 이 한마디라고 한다. 이야기의 연결이 매끄럽지 않으면 의도가 잘 전달되지 않는데, '그래서'라는 질문을 통해 이야기를 연결시켜 의도를 찾아내려는 것이다. 다시 말해, 모처럼 찾아낸 아이디어들을 잘 연결해서 스토리를 만드는 훈련을 시키기 위해서라고 한다.

단편적인 아이디어의 조각이 아니라 스토리를 연결하고, 부족한 부분을 데이터와 아이디어로 다시 메우는 작업은 상품을 만들기 위해서라면 빼놓을 수 없는 작업이다. 좋은 아이디어를 내고도 하나로 잇지 못하면 좀 처럼 인정받지 못하고 좋은 평가를 받을 수도 없기 때문에 아이디어가 실현될 가능성도 낮아진다.

이번 장에서는 어떻게 하면 아이디어를 모두가 공감할 수 있는 스토리로 만들 수 있는지에 대해 이야기하고자 한다. 그 사례로 카자마 씨가 브랜드 매니저 시절에 담당했던 우롱차 용기에 얽힌 이야기를 살펴보자.

•• 일본의 청량음료 시장

청량음료 시장 규모
17억 3,500만 병(2010년)

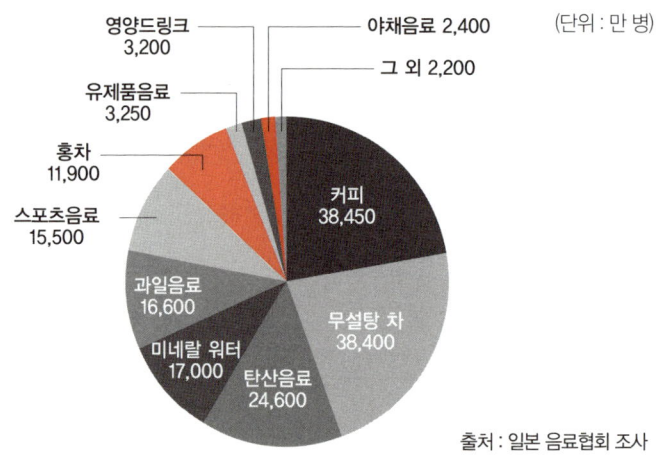

영양드링크
3,200

유제품음료
3,250

홍차
11,900

스포츠음료
15,500

과일음료
16,600

미네랄 워터
17,000

탄산음료
24,600

무설탕 차
38,400

커피
38,450

야채음료 2,400

그 외 2,200

(단위 : 만 병)

출처 : 일본 음료협회 조사

•• 연도별 산토리의 대표 브랜드

1974년	오렌지 50
1981년	캔 우롱차
1986년	벌꿀 레몬
1989년	남 알프스 천연수
1992년	캔커피 보스
1994년	CC 레몬
1998년	낫짱 오렌지
2000년	라이프파트너 다카라
2004년	녹차 이에몬
2006년	흑우롱차

2010년 일본의 청량음료 시장 규모는 약 17억 3,500만 병에 이른다. 청량음료라고 하면 앞의 그래프에 나타난 것처럼 커피, 무설탕 차, 탄산음료, 미네랄워터, 과일음료, 스포츠음료 등 다양한 종류가 있다.

각각의 음료회사들은 매주 앞다투어 신상품을 출시하는데 그 많은 상품들을 진열할 마트나 편의점 판매대는 한정되어 있다. 그렇기 때문에 잘 팔리는 상품이 아니면 매장에서 철수할 수밖에 없다. 매년 출시되는 수많은 신상품 중 대부분은 시장에서 소리도 없이 사라진다.

그런 치열한 경쟁환경 속에서 안정적인 판매를 이어가고 있는 산토리의 비결은 무엇이며, 어떤 아이디어 발상법이 있었기에 끊임없이 소비자들의 사랑을 받고 있는 것일까.

산토리의 청량음료 사업부는 산토리 우롱차, CC 레몬, 낫짱, 남 알프스 천연수, 캔커피 보스, 다카라, 이에몬, 흑우롱차 등 거의 모든 청량음료 카테고리에서 히트상품을 개발함으로써 브랜드를 키워왔다. 그 결과, 2010년에 청량음료 시장점유율 약 30%를 차지한 코카콜라에 이어 시장점유율

21%로 업계 2위를 차지했다.

　여기서는 우롱차의 용기에 초점을 맞춰 우롱차 이야기를 하기 전에 먼
저 용기 성공 사례로서 이에몬에 대해 알아보고자 한다.

이에몬의 등장과 새로운 페트병 개발

2004년에 출시된 녹차음료 이에몬은 경쟁회사에서 만든 녹차음료에 대항
하기 위해 개발되었다. 출시 2년째에 연간 5천만 병이 넘는 판매량을 달성
했고, 대기업인 녹차 전문회사의 톱 브랜드 제품과 어깨를 나란히 할 만큼
고속 성장했다. 이에몬의 성공 스토리는
〈이에몬은 왜 잘 팔릴까?〉, 〈알려지지
않은 산토리 연구개발의 저력〉 등의 책
에서 많이 소개하고 있으니 여기서는 간
략히 다루겠다.

이에몬

　이러한 책들을 보면 대나무 모양의 페
트병을 채택한 것이 이에몬의 히트 요인
이라고 한다. 요즘에는 페트병 모양이 각
양각색이지만 그 전까지만 해도 일본에
서 시판되는 페트병 제조사는 몇 군데 없
었다. 게다가 단순 원통형이나 사각형 등

비슷한 디자인밖에 없어서 선택의 폭이 좁았다. 그러나 1990년대 후반에 이르러 음료 제조사가 설비를 들여와 직접 페트병을 만들었다. 산토리도 자체적으로 페트병을 만들면서 단순했던 모양에 변화가 오기 시작했다.

물론 제작 초기에는 지금과 같은 원형이나 사각형의 병을 만드는 것도 쉽지 않은 일이었다. 하지만 작업을 회사 내부에서 한 덕분에 얼마 지나지 않아 페트병을 설계하는 부서와 공장 간에 정보와 의견 교환이 쉬워졌다. 이로 인해 용기 설계 기술이 발전했고, 용기의 제조뿐 아니라 내용물을 병에 담아서 박스에 포장할 때까지 걸리는 모든 공정이 원활해졌다.

이처럼 용기 제조사가 다양한 용기 디자인을 활발하게 내놓은 덕분에 음료시장은 용기 개발 경쟁시대를 맞이하게 되었다.

이러한 상황에서 산토리도 이에몬 출시에 맞춰 대나무 모양 페트병을 개발했고 이를 시작으로 지금까지 다양한 페트병을 개발하고 있다. 그저 디자인만 독특한 페트병으로 그치는 것이 아니라 다양한 아이디어가 적용된 용기가 개발되었다. 예를 들어 용량이 큰 용기를 운반하기 편하게 한다거나, 컵에 따라 마시기 쉽게 한다거나, 용기의 무게를 줄이고 조그맣게 접을 수 있도록 해 환경 부담을 줄이는 등 다양한 아이디어가 탄생했다.

대나무 물통으로 히트를 치다

카자마 씨가 브랜드 매니저였을 때 산토리 우롱차의 상황을 살펴보자. 일본의 차 시장은 2001년부터 2005년에 걸쳐 급속하게 성장했지만 우롱차 시장은 오히려 28% 감소했다. 당시 시장 점유율 1위를 자랑하던 산토리 우롱차도 이 영향에서 비껴갈 수 없었다. 카자마 씨가 이끄는 팀은 2004년에 출시해 빅 히트를 친 이에몬은 잠시 접어두고 산토리 우롱차의 판매량을 어떻게 하면 끌어올릴지 궁리했다.

산토리 음료사업본부는 음료개발팀, 광고팀, 포장 디자인팀 등 각 관련 부서에서 인원을 차출해 브랜드 매니저와 함께 팀을 만들어 작업을 한다. 당시 우롱차 용기는 지금과 같은 디자인이 아니었다. 이에몬의 대나무 용기가 거둔 성공을 산토리 우롱차에도 적용하는 방향으로 이야기가 진행되었다.

이에몬은 일본인이 옛날부터 즐겨온 다양한 녹차문화 이미지 속에서 대나무로 만든 물통을 아이디어로 차용해 페트병 디자인에 적용한 것이다. 이것이 고급스러우면서도 전통적인 느낌을 잘 살린 덕분에 성공으로 이어졌다.

일본사람들에게 녹차만큼 친숙한 차는 없다. 반면 우롱차는 중국의 차라는 인식이 강해서 공통적으로 형성된 이미지가 없었다. 따라서 특별한 이미지를 연상시키는 방향으로 아이디어를 내기가 힘들었다.

•• 녹차시장 판매량 변화

(단위 : 만 병)

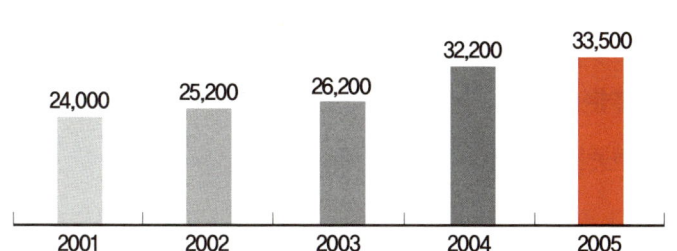

출처 : 음료협회 조사

•• 녹차와 우롱차 시장의 판매량 비교

(단위 : 만 병)

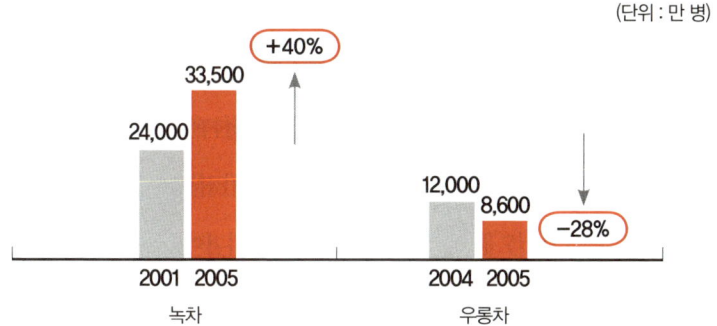

출처 : 음료협회 조사

여기서 잠깐 산토리 우롱차의 역사를 살펴보자. 산토리는 1981년에 캔 우롱차를 출시했다. 캔 우롱차는 술을 잘 못 마시는 사람들이 회식자리에서 술 대신 마실 수 있다는 장점을 부각시켜 인기를 끌었다. 캔 우롱차에 이어 1.5리터와 2리터 대용량 페트병 우롱차가 출시되었는데, 이것은 보리차를 대신하는 음료로 일반 가정에 급속도로 보급되었다.

우롱차의 본고장인 중국은 우롱차 문화가 많이 발달되었지만 유감스럽게도 일본사람에게는 우롱차가 익숙하지 않았다. 아무리 대중적인 브랜드라도 친숙하지 않은 중국 차 문화를 차용해봤자 일본 고객들의 마음을 사로잡을 수 있을 것 같지 않았다. 대나무 물통 디자인만으로는 승산이 없을 것이라는 의견이 지배적이었다.

사실 산토리 우롱차 브랜드 팀은 새 용기 개발에 착수하기 몇 년 전 겨울에 따뜻한 우롱차 신상품을 출시한 적이 있었다. 당시 라벨에 중국을 연상시키는 디자인을 넣었는데, 디자인에 대한 고객 평가는 좋은 편이었다. 하지만 일본사람에게는 찻잎을 넣고 끓여 마시는 게 익숙지 않아 판매가 저조했다. 그 때문에 새로운 페트병 디자인에 중국 차의 이미지를 삽입하자는 아이디어는 호응을 얻지 못했다.

고객의 냉장고에서 힌트를 얻다

산토리 우롱차 팀은 어떻게 하면 일본인과 산토리 우롱차 브랜드를 연결할
수 있을지 고민했다. 여기서 다시 원점으로 돌아가 보니 팀원들의 사고의
폭이 좁아졌다는 것을 알 수 있었다.

그들은 지금까지 우롱차 용기로 500밀리리터짜리 병을 개발하는 것만
생각했다. 그런데 시야를 넓혀서 브랜드 전체 판매량을 조사해보니 산토리
우롱차 판매량의 약 절반은 2리터 대용량 페트병이 차지하고 있었다. 산토
리 우롱차는 대용량 음료시장에서 일본 최고의 인기를 누리고 있었던 것
이다.

산토리 우롱차(2005)

이 말은 산토리 우롱차가 가정
집 냉장고에 비치된 음료로 단연
1위이며, 고객들은 조그만 병을
사서 들고 마시기보다 시원한 우
롱차를 냉장고에서 꺼내 컵에 따
라 마실 때가 더 많다는 것이다.
여기서 아이디어를 얻어 시원한
우롱차가 담긴 '유리컵'을 이미지
로 구현한 새로운 페트병 디자인
을 구상했다. 뭐니뭐니 해도 상품

산토리 우롱차 브랜드

개발은 생활에서 얻은 경험을 바탕으로 해야 한다는 사실을 알려준 계기가 되었다.

다행히 개발팀 멤버 중에 이에몬 대나무통 페트병을 개발한 다자이너도 참가하고 있어서 3차원 CAD를 이용해 반짝반짝 빛나는 다면체 페트병을 설계할 수 있었다.

이 페트병이 구매자 조사에서 높은 평가를 받은 덕분에, 시대 흐름에 뒤처진 듯했던 과거의 이미지를 개선할 가능성이 보였다. 오랫동안 사랑받아온 브랜드는 아무래도 진부한 느낌이 들 수밖에 없으므로, 브랜드 활성화를 위해서 이런 취약점을 보완할 필요가 있었다.

디자인이 결정되어갈 무렵, 음료 용기의 품질을 보증하기 위한 세부적인 설계에 들어갔다. 그리고 1분 동안에 몇 개를 제조할 수 있는지 공장의 설비를 확인, 조정하는 작업이 이루어졌다. 이를 위해 많은 기술자들이 협력해 프로젝트를 진행했다.

이렇게 해서 산토리 우롱차의 500밀리리터 페트병은 2005년 6월에 새로운 디자인으로 리뉴얼되어 나왔다. 개발 후 추적조사 결과, 그동안 산토리 우롱차를 마셔왔던 기존 고객뿐만 아니라 산토리 우롱차를 마신 적이 없던 새로운 고객까지 확보한 것으로 파악됐다.

스토리를 만드는 센스

지금까지 카자마 씨가 경험한 페트병 디자인 리뉴얼 사례를 아이디어의 시작부터 포장 용기의 완성까지 하나로 이어진 스토리로 살펴보았다. 처음 발단이 된 아이디어는 아래와 같다.

- 내용물뿐만 아니라 외관(용기)을 고려한다.
- 친숙하지 않은 중국문화가 아닌 고객의 생활 체험에서 힌트를 얻는다.

이 두 가지의 서로 다른 정보를 솜씨 좋게 배열함으로써 이해하기 쉬운 아이디어가 되었다.

아이디어가 떠오른 순간에는 그 아이디어가 주변과 잘 연결되지 않는 경우도 많을 것이다. 자신의 뇌 속에서는 연결고리가 있지만 그 연결고리를 제대로 설명하지 못하면 상대는 "그래서 무슨 말을 하고 싶은 건데?"라고 되물을 수밖에 없다.

2011년 경제경영 도서 대상을 수상한 〈스토리를 활용한 경쟁전략 - 뛰어난 전략의 조건〉의 저자인 히토츠바시 대학의 쿠스노기 켄 교수도 "뛰어난 전략은 나도 모르게 다른 사람에게 말하고 싶어지는 재미있는 스토리가 있다"고 했다. 또 "그러한 스토리를 만들기 위해서는 MBA에서나 가르칠 법한 각종 경영분석(analysis) 기술이 아니라 매번 모든 것을 하나로 묶어 볼 수 있는(synthesis) 센스가 중요하다"고 주장했다.

뛰어난 스토리를 만들기 위한 센스를 갈고 닦으려면 어떻게 하면 좋을까? 산토리의 카자마 씨가 브랜드 매니저로서 염두에 두었던 세 가지 항목을 소개한다.

1 주변에 널려 있는 아이디어를 적극적으로 활용하라

혼자서 새로운 것을 창조하려고 하면 한계가 있기 마련이다. 그럴수록 함께 일하는 프로젝트 멤버나 다른 사람들이 무심코 던진 말을 주의 깊게 듣는다.

예를 들어 산토리 우롱차에 도입한 페트병 개발 기술은 이미 이에몬에 사용한 설계 기술을 발전시킨 것이다. 유리잔 모양 페트병 디자인을 떠올린 것도 사실은 산토리 우롱차 TV 광고 마지막 장면에 나온 반짝반짝 빛나는 아름다운 유리컵에서 연상한 아이디어였다고 한다.

2 본질을 추구하라

함께 의견을 나누다 보면 어느샌가 수단과 목적이 바뀌어 버리게 된다. 카자마 씨처럼 청량음료 업계 일을 하다 보면 아무래도 슈퍼에 나란히 진열된 동종 제품이 신경 쓰이기 마련이다.

특히 요즘은 어느 제조사든 페트병 디자인을 할 수 있게 되었다. 심지어 어떤 브랜드는 매년 페트병 디자인을 변경하기도 한다. 이들은 기발한 페트병 디자인으로 화제를 끌기도 하는데 이것은 본질적인 측면에서 어긋난 것이다. 일부러 튀어 보이려는 특이한 아이디어가 반드시 좋은 아이디어는 아니다.

산토리에서는 새로운 페트병 용기 개발에 착수하기 전, 수십 명의 고객에게 우롱차를 맛보게 했다. 그 결과 산토리 우롱차는 다른 경쟁회사에서 만든 녹차와 비교해 결코 뒤지지 않을 만큼 높은 평가를 받았다. 그 결과 용기를 개발하는 목적인 '고객에게 맛을 전달하기 위한 수단'을 명확히 할 수 있었다고 한다.

기발한 디자인의 용기가 아니라 맛에 초점을 둔 덕분에 산토리는 국민 음료 브랜드로 발돋움할 수 있었다.

3 스토리는 간결하게 만들어라

줄리어스 시저는 "사람은 자기가 보고 싶어 하는 것만 본다"고 말했다. 설명을 듣는 사람은 자신이 알고 싶은 것만 이해한다. 보고하는 자리에서 자신이 검토해온 프로세스나 아이디어를 하나부터 열까지 스토리로 담아야 한다고 굳게 믿는 사람들이 적지 않다. 단언컨대 전혀 그렇지 않다.

듣는 사람은 말하는 사람의 경험을 통해 간접 체험하려는 것이 아니다. 결론과 그것을 뒷받침할 근거를 간결하게 정리한 스토리를 들으면 듣는 사람은 이해하기도 쉽고 그 결과도 쉽게 받아들인다.

이번 장에서도 카자마 씨가 경험한 고생담이나 쓸모없어진 아이디어를 모두 구구절절 서술하지 않았다. 아무리 큰 고난을 극복했다고 하더라도 결론과 직접적인 관련이 없는 내용이라면 아이디어를 더욱 빛나게 하기 위해서 과감하게 삭제할 필요가 있다.

'그래서?'라는 질문의 효과

앞에서 언급한 것처럼 카자마 씨가 직원들에게 "그래서?"라고 묻는 것은 아이디어의 목적을 일깨워주기 때문에 기업에서 상품을 개발할 때 중요한 기술이 된다. 단순한 보고를 할 때나 그 밖의 의사소통에서도 상대방으로 하여금 말하는 의도를 다시 생각하게 만든다.

카자마 씨와 5년간 함께 일한 직원은 이렇게 말했다.

"가장 힘들었던 것은 회의에서 보고가 끝난 후 카자마 씨가 '그래서?'라고 되물을 때였어요. 모처럼 긴 시간에 걸쳐 자료를 준비했는데 '그래서?'라고 물으면 머릿속이 하얗게 돼서 무슨 설명을 해야 할지 모르게 될 때가 종종 있었어요."

그러나 그 직원은 이렇게 덧붙였다. "매번 '그래서?'라고 물으셔서 한동안은 어떻게 하면 질문을 받지 않을지 필사적으로 생각해봤습니다. 덕분에 나중에는 질문을 거의 받지 않게 되었죠."

그 직원은 카자마 씨와 일한 지 3, 4년쯤 되었을 때, 경영진에게 설명하는 자료를 혼자서 작성할 만큼 실력을 갖추게 되었다고 한다. 그러나 그 직원도 회의에서 카자마 씨가 던지는 '그래서?'라는 별것 아닌 한마디에 엄청난 스트레스를 받고 있었던 모양이다.

카자마 씨의 사례를 정리하다 보니 문득 이런 생각이 들었다. 이 글을 읽고 카자마 씨가 '그래서?'라고 묻지나 않을까?

6

문제의식에서
번뜩이는 아이디어가
나온다

분석과 역발상, 여성 속옷 와코루

데이터 분석과
역발상에서 꽃피운 아이디어

쿠도 겐 씨는 수염이 잘 어울리는 남자다운 외모를 가졌지만 이너웨어 브랜드 '와코루'의 여성용 속옷 개발 팀에서 일한 경력이 있다. 사람은 겉모습만으로는 판단할 수 없다는 말은 쿠도 씨를 두고 하는 말 같다. 쿠도 씨가 낸 아이디어를 보면 더욱 그런 생각이 든다.

자신과 전혀 상관없는 제품을 개발한다는 것은 회사원이라면 누구나 공감할 만한 어려운 주제다. 나 역시 평생 써본 적 없는 여성 화장품을 개발할 때가 가장 힘들었다.

쿠도 씨는 와세다 대학 경영학부를 졸업한 후 와코루에 입사해 국내 생산관리 업무를 담당했다. 입사한 지 2, 3년이 지나면서부터는 동료들과 함께 자발적으로 연구모임을 조직해 신제품 연구를 시작했다. 모임을 통해 나온 결과를 가지고 경영진에게 신규사업을 제안해서 성과를 내기도 했다.

그는 또한 60세 이상 실버세대를 위한 속옷 브랜드 '그라피'의 MD가 되어 제품기획 · 브랜드 마케팅을 주도했다. 6장에서는 이 이야기를 중심으로 소개하겠다.

실버용 속옷을 성공시킨 후 쿠도 씨는 홍콩으로 발령을 받아 글로벌 상품 기획과 개발 업무에 종사했다. 이후 와코루를 퇴사하고 2006년에 와세다 대학원 아시아태평양 연구과에 입학해 경영학 석사(MBA) 학위를 취득했다. 지금은 와세다 대학 혼조 캠퍼스(혼조 국제리서치 추진기구)의 인큐베이션 시스템 시니어 컨설턴트 및 인큐베이션 매니저로서 기업가와 벤처기업을 지원하고 있다. 더불어 쿠도 씨 자신도 기업가로서 회사 경영을 하고 있다.

기성복 기획에서 제조, 판매까지

와코루의 주력 사업은 여성 속옷을 중심으로 한 기성복 제조 · 판매다. 먼저 기성복은 어떤 순서로 만들어지며 어떤 특징이 있는지 살펴보자.

기성복 제작에 있어서 소재 개발부터 시작하는 경우에는 먼저 사용할 원단에 대한 아이디어가 필요하다. 원단은 실을 뜨거나 짜기도 하고 때로는 접착해서 완성하기도 하므로, 원단을 만들기 위해서는 먼저 실을 만들어야 한다. 그리고 그 실은 어떤 성질이 있는지, 두께는 어느 정도인지, 얼마나 부드러운지를 생각해야 한다.

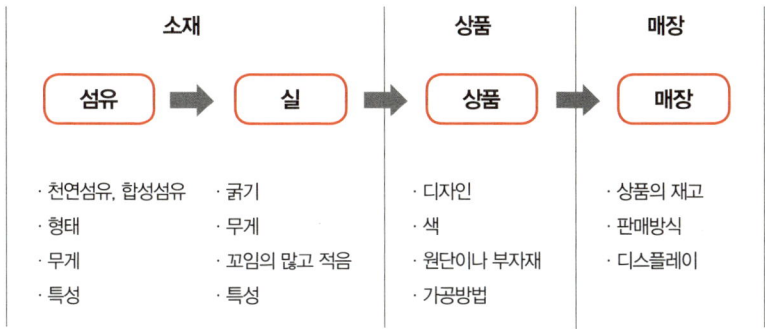

각각의 프로세스에서 창조성·크리에이티브가 발휘된다.

참고로 원래 실은 가늘고 부드러운 섬유 형태로 만들어진다. 최근에는 기술혁신으로 흡습성과 보습성이 뛰어난 섬유가 개발되어 이에 대한 수요가 높아졌다. 물론 어떤 실을 사용할지 고민하기 이전에 어떤 섬유를 사용할지부터 고민해볼 필요가 있다. 섬유나 실을 직접 개발하려면 시간이 걸리고 규모도 커지기 때문에 원단 제작부터 하기보다는 실 또는 섬유 제조사와 손을 잡는 편이 낫다.

이와는 달리 보다 완성품에 가까운 형태로 상품 기획을 시작하는 경우도 있다. 기성복 제조사는 원단 제조사가 만든 원단이나 단추, 고무 등 부재료를 조합해보고 상품을 기획한다. 이미 만들어진 것들을 조합하여 새로운 상품을 만드는 것이다. 대부분의 기성복 업체들은 이러한 기존 아이템을 조합하여 새로운 브랜드나 의류를 만든다. 이처럼 소재를 조합하고 가공이나 봉제를 더하여 새로운 색과 형태를 띠는 디자인으로 만듦으로써 가치가 생겨난다.

이와 달리 '제품 구매'라 불리는 특별한 경우도 있다. 다른 제조사나 제조공장에서 소재와 디자인을 기획하고 제품을 만들면 이것을 판매할 회사가 셀렉트해서 자사 브랜드에 포함시키는 것이다.

어떻게 보면 기성복 제조사라고 말하기 어려울 것 같지만 '빔스'나 '유나이티드 애로우' 같은 셀렉트 숍을 떠올려 보면 이해하기 쉬울 것이다. 그곳에도 창조성이 발휘되고 있고, 그것이 또한 마케팅과 머천다이징이라 불리는 기성복 비즈니스의 특징 중 하나이기도 하다. 이처럼 단순한 기성복이라고 해도 업무 형태는 실로 다양하다.

소비자의 시선에서 상품을 제작하라

완성품이 생산되어 나오면 기성복 매장에서는 옷을 맵시 있게 입는 방법이나 라이프스타일을 제안하기 위해 여러 제품을 코디하거나, 때로는 그 제조사나 브랜드에서 취급하지 않는 소품을 함께 진열하기도 한다. 이때 상품을 그냥 진열하는 것이 아니라 소비자가 선택하기 쉽고 눈에 잘 띄게 해야 한다. 이처럼 소비자의 눈에 들어오도록 인상적인 매장으로 꾸미기 위해서도 창조성이 필요하다. 이것을 기성복 업계에서는 '비주얼 머천다이징 (VMD)'이라고 한다.

실제로 상품이 세상에 나올 때까지 섬유부터 개발하면 몇 개월에서 몇 년, 경우에 따라서 몇 십 년이 걸릴 때도 있다. 반대로 좀 더 완성품에 가까운 형태로 상품을 기획했다면 시간이 전혀 걸리지 않을 수도 있다. 어떤 방식으로 옷을 만들었든 고객은 최종제품의 완성도만으로 그 옷을 구입할지 말지 판단하게 된다.

소재부터 상품까지 공동 개발을 해서 성공한 사례로 도레이와 유니클로의 경우를 들 수 있다. 도레이가 소재를 개발하고 유니클로가 그 소재로 의류를 완성했는데 '실크드라이', '히트텍', '울트라 라이트다운' 등 수많은 히트 상품들이 이렇게 탄생한 것이다.

두 회사는 2000년에 도레이가 글로벌 사업 추진실을 발족하고 나서부터 제휴하기 시작했다. 2006년 경에는 전략적 파트너십을 체결하고 제휴를 강화하여 소재 개발뿐만 아니라 제품 연구개발·제조·물류까지 도레이가 폭넓게 담당하고 마케팅과 판매를 유니클로가 담당하는 체제를 갖추었다.

이러한 체제가 성공한 이유를 한마디로 정리할 수는 없다. 하지만 소재 개발이나 상품 기획·개발과 관련해서 살펴보면, 도레이와 유니클로가 각각의 강점을 조합함으로써 창조성과 크리에이티브가 더욱 발휘될 수 있었다는 점을 꼽을 수 있다. 그 덕분에 팔리는 상품이 기획되고 그것을 실제

생산하는 것이 가능해져서 소비자에게 이르게 된 것이다.

원래 도레이는 섬유제조업체로 우수한 기술력을 가지고 있었다. 반면 소비자에 대한 이해가 부족하여 대량생산한 실과 천을 '팔아치운다'는 프로덕트 아웃(product out) 식 사고가 강했다. 그러나 소매업계의 프로이며 철저하게 소비자 시선에서 바라본 제품을 추구하는 유니클로의 '시장중심(market in) 주의'와 결합한 덕분에 소비자 입장에서 본 소재 개발, 상품 기획 · 개발이 가능하게 되었다. 실제로 히트상품인 히트텍과 실크드라이는 유니클로 본사 내 '도레이 룸'에서 도레이와 유니클로 직원이 머리를 맞대고 개발한 것이다.

쿠도 씨는 고객이 사용하는 제품을 기획 · 개발할 때 소비자의 시선에서 생각하는 것이 무엇보다 중요하다고 이야기한다. 흔히 '해답은 반드시 현장에 있다'거나 '해답은 고객이나 시장에 있다'고 하는데, 쿠도 씨 역시 그것이 정답이라고 생각한다.

다만, 소비자는 세상에 존재하는 것에 대해 좋다거나 나쁘다거나 하는 등의 비판을 할 수는 있지만, 세상에 없는 것을 구체적으로 이미지화하는 것은 어렵다. 이런 제품이 있으면 좋겠다고 상상할 수는 있어도 구체적인 완성품을 떠올리기는 힘들다.

그런 막연한 고객의 니즈를 완성품으로 실현시키기 위해서는 오랫동안 키워온 경험과 기술, 노하우를 뒷받침하는 프로페셔널한 눈높이가 필요하다.

트렌드는 어떻게 만들어지는가

기성복 패션업계가 다른 업계와 조금 다른 점은 트렌드가 짧은 사이클로 움직인다는 것이다. 트렌드의 주기가 짧을수록 상품 개발은 트렌드에 맞추어 진행되어야 한다. 그렇다면 색이나 소재, 디자인 등의 트렌드는 누가 만들어가는 것일까? 수많은 소비자가 상품을 고르고 선택한 결과 트렌드라는 흐름이 정해진 것일까?

물론 최종적으로 상품을 구입하여 착용하는 것은 소비자니까 소비자가 트렌드를 만든다고 해도 과언은 아니다. 그러나 기본적으로 소비자는 시장에 없는 것을 선택할 수 없으므로, 실제로는 상품을 시장에 제공하는 공급자가 트렌드를 만들어내고 있다는 것이 정확할 것이다. 나도 기성품 업계의 트렌드에 좌우되는 화장품 개발을 담당했었기 때문에, 처음 이런 구조를 알았을 때는 놀라지 않을 수 없었다.

사실 기성복 패션업계에서는 트렌드를 생산하는 시스템이 확립되어 있다.

트렌드를 낳는 시스템 중에서 제일 먼저 결정되는 것이 유행할 색상이다. 올해 또는 이번 시즌에 유행할 색상은 저절로 유행하거나 소비자가 자연스럽게 선택하는 것이 아니다. 실제로 국제유행색위원회(Intercolor)라는 조직이 정하고 있다. 구체적으로 설명하자면 이 위원회에 가입되어 있는 나라들이 제안한 색을 바탕으로 상품이 매장에 진열되는 시점보다 2년 전쯤에 미리 유행할 색상을 결정한다.

·· 트렌드가 만들어지는 방식

유행색 ➡	트렌드 ➡	소재 ➡	제품 ➡	매장
주체 국제유행색 위원회 (Intercolor)	트렌드 정보회사 (스타일링 오피스)	원재료 제조사	디자이너 브랜드 기성복 제조사	패션잡지 패션사이트 판매점
내용 국제유행색위원회 참가국의 제안을 받아서 춘하추동 시즌의 유행색을 결정	유행색 결정을 참고로, 컬러·소재·스타일 디자인 등의 트렌드를 예측하고, 트렌드북을 발행	트렌드북을 바탕으로 섬유나 실, 원단이나 피륙, 부자재 등의 신소재를 기획·개발	개발된 신소재나 트랜드 북의 유행 예측을 참고로 상품을 기획·개발	디자이너 브랜드와 기성복 제조사의 전시회나 공식발표를 바탕으로 패션정보를 제공. 상품이 매장에 진열됨
예 국제유행색 위원회 참가국 : 중국, 영국, 핀란드, 프랑스, 독일, 헝가리, 이탈리아, 일본, 한국, 포르투갈, 스위스, 타이, 터키 등	스타일링 오피스 : 트렌드유니온, 카란, 넬리로디, 프로모스틸 등	소재 전시회 : 프리미에 비종, 인터스토프, 이데아 코모, 엑스포필, 티슈 프리미에르, 인터필리에르, 인터텍스타일, 텍스월드 USA 등	디자이너스 컬렉션 : 파리, 밀라노, 런던, 뉴욕, 도쿄, 마드리드 등	패션잡지 : 보그, 엘르, 마리끌레르, 나일론, 바자, 얼루어, W 등

유행을 선도하는 패션 트렌드는 소비자가 아니라 공급자에 의해 만들어진다.

패션이나 트렌드에 관한 정보를 다루는 '스타일링 오피스'라는 회사는 이 유행 색상을 바탕으로, 앞으로 유행할 것이라 여겨지는 소재나 디자인, 실루엣과 세련되게 입는 방법 등을 몇 개의 테마에 따라 분석 · 예측하고 트렌드 북이라 불리는 책을 발행한다.

패션 트렌드 예측에 따라 실이나 소재, 천 등의 제조사는 유행에 맞추어 소재를 개발한다. 소재 제조사의 개발 결과는 1년에 몇 차례 실시되는 소재 전시회에서 발표된다. 일반인이 아닌 업계를 대상으로 한 전시회이다. 이렇게 해서 개발된 소재와 앞서 설명한 트렌드 북의 트렌드 예측 정보를 바탕으로 기성복 제조사는 최종적으로 상품을 기획한다.

신상품 기획의 성과는 디자이너스 컬렉션(패션쇼)이나 기성복 제조사가 주최하는 전시회에서 발표된다. 컬렉션과 전시회 발표 후에 여러 패션잡지 등의 미디어에 노출되고 트렌드가 사람들 사이에 침투된다. 마지막으로 상품이 완성되어 매장에 진열되고 소비자의 손에 들어가는 구조다.

물론 완성된 상품을 고르는 사람은 고객이므로 제조사가 모든 것을 조절할 수는 없겠지만 '올해 유행할 색상'이라는 말은 이러한 시스템으로 이루진다.

이너웨어 기획의 어려움

다시 쿠도 씨의 사례로 돌아가보자. 와코루의 주력품목인 이너웨어는 보정

기능이 있는 것과 없는 것으로 나뉜다.

파운데이션이라고 불리는 보정기능이 있는 여성 이너웨어에는 브래지어, 거들, 보디수트 등이 있다. 란제리라고 불리는 보정력이 없는 여성 이너웨어에는 슬립, 캐미솔, 페티코트, T팬티, 테디 등이 있다. 쇼츠나 가터 벨트도 이너웨어에 포함된다.

아우터 등 다른 기성품에 비해 이너웨어는 사이즈가 다양하다는 점이 특징이다. 유통 용어로는 최소 재고관리 단위(SKU : Stock Keeping Unit)라고 하는데 이 SKU의 수가 어마어마하다.

예를 들어 어떤 디자인의 옷이 S/M/L 3가지 사이즈가 있고 컬러는 검정/흰색/베이지색 3가지가 있다고 하자. 이런 경우 3사이즈×3색이므로 SKU는 9가 된다.

한편, 이너웨어 중 브래지어는 컵 사이즈가 B/C/D/E/F 5가지, 밑가슴 둘레가 65/70/75/80 4가지, 컬러는 검정/흰색/베이지 3가지 색이 있다고 한다. 이런 경우에는 5사이즈×4사이즈×3색이므로 SKU는 60이 된다.

SKU가 많아지면 제조 · 유통 · 판매 관리가 복잡해지고, 그만큼 재고 손실이 많다. 사용되는 원재료의 종류가 많고 다양한 것도 특징이다. 일반적으로 브래지어를 만들기 위해서는 20~30종류나 되는 원재료가 사용된다.

일반적인 원단뿐만 아니라 레이스, 고무, 테이프, 훅이나 부직포 등 원재료 자체도 수없이 많다. 각각의 재료를 이리저리 조합하면 종류는 더욱 늘어난다.

이처럼 다양한 원재료를 조합해 제품을 만들면 각각의 특성이 다르기 때문에 품질관리가 매우 어렵다. 예를 들면 같은 색이라고 해도 천이나 레이스, 부자재와 금속의 색상은 완전히 일치하기 어렵다.

패턴이 많은 경우도 있다. 이너웨어는 피부에 직접 닿기 때문에 사이즈가 맞지 않으면 입었을 때 불편하고 불쾌감마저 든다. 따라서 부분을 조합해 입체적으로 완성함으로써 체형에 맞게 만드는 것이 관건이다. 그렇기 때문에 부분적인 형태를 만드는 패턴 제작에서 치밀함과 정확성이 요구된다.

•• 이너웨어 제작의 흐름

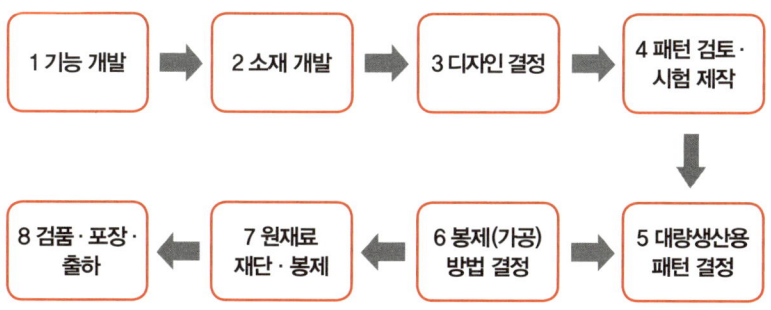

또 브래지어 같은 이너웨어는 가슴을 모아 올리는 보정기능이 요구된다. 이 기능은 기본적으로는 원단의 조합과 패턴에 의한 입체적인 마무리로 실현되기 때문에 패턴의 형태나 크기가 특별히 정밀해야 한다. 그 밖의 원단이나 피륙을 패턴 그대로 재단하는 기술도 필요하다.

엄밀히 말해서 아우터는 재봉틀 한 대로 만들 수 있지만, 브래지어는 기종이 다른 재봉틀 6, 7대가 필요하다. 그 때문에 각 공정에서 어떻게 봉제했는지, 정해진 봉제 요령대로 제조되었는지 체크하는 등 공정을 관리할 필요가 있다.

고품질과 정확한 연구데이터라는 토양에서 탄생한 아이디어

이처럼 이너웨어는 아우터보다 정밀하고 복잡한 제조방법과 관리가 필요하다. 처음에는 남자인 나는 여성용 속옷을 잘 몰라서 이너웨어든 아우터든 똑같은 옷이라고 생각했다. 하지만 쿠도 씨가 하는 이야기를 듣고 나니 마음으로 이해할 수 있게 되었고 와코루 같은 이너웨어 전문 메이커가 존재하는 이유도 알 수 있었다.

쿠도 씨에 따르면 와코루에서는 '와코루 품질'이라 불리는 품질 중심주의의 자세를 신입사원 때부터 철저하게 교육받는다고 한다. 와코루가 중시하는 품질 중 하나는 튼튼함이다. 타사 제품이 세탁을 몇 번 안 했는데도 너덜너덜하게 되었다면 와코루 제품은 수십 번, 수백 번 세탁해도 견딜 수 있도록 꼼꼼하게 품질을 체크한다.

특히 이너웨어는 피부에 직접 닿는 상품이고, 금속을 사용하는 경우도 많기 때문에 원재료나 제품에 문제가 있으면 피부를 다치게 할 우려가 있다. 이것이 와코루가 품질을 중시하는 이유 중 하나다.

쿠도 씨가 MD를 맡았던 그라피라는 실버용 브랜드는 변화된 체형에 딱 맞게 설계한 것으로 더위나 추위에 민감해진 피부에 대응하여 관절이나 근육을 보조하는 기능을 가진 제품이다.

이 제품의 아이디어는 '와코루 인간과학연구소'가 축적해온 데이터를 바탕으로 얻은 것이다.

여성은 나이가 들어감에 따라 체형이 변하는데, 여성의 체형 변화에는 나선을 그리는 듯한 일정한 법칙이 있다는 연구 결과가 있다. 이것을 '스파이럴 에이징(spiral aging)'이라 이름 붙였다. 이 연구 결과에 따르면 여성 체형에 급격한 변화가 일어나는 '스파이럴 포인트'가 세 번 있다고 한다. 일단 다음 단계로 진행해버린 체형은 원래의 상태로 돌아가지 않는다고 한다.

와코루는 이러한 연구 결과를 얻기 위해 꾸준히 데이터를 축적해왔다. 4세에서 69세까지, 매년 1000명에 가까운 여성들의 체형을 조사한 결과 총 4만 명 이상의 데이터를 얻게 되었다. 그중 약 500명 정도의 여성들을 몇 십 년에 걸쳐 추적 조사해서 이들의 체형 변화를 시간 흐름에 따라 분석한 데이터를 갖고 있다.

이러한 시도를 하는 기성복 제조사는 드물다. 와코루는 여성의 신체 데이터뿐만 아니라 피부 감각인 습열자극, 접촉자극, 가압자극 등 감각생리나 신체의 외측 움직임인 동작과 자세, 신체의 내측 움직임인 골격과 근육 등을 연구해 그 연구 성과를 상품기능 기획 · 개발에 활용하고 있다.

최근 와코루는 자세를 교정하기 위해 쇠약해진 근육을 보조하는 봉제와 소재를 사용하고 있다. '자세를 꼿꼿하게 하는 브라캐미'가 바로 그것이다. '움직이는 모양이 경쾌한 셔츠'는 견갑골 주변의 움직임을 보조할 수 있도록 만든 것이다. 이러한 개발품들은 연구를 통해 도출된 착안점을 제품의 핵심 아이디어로 승화하여 만들어낸 것이다. 이러한 지식과 아이디어는 그 밖의 다른 개발품에도 활용되고 있다.

기술이 아이디어를 지탱한다

미국 프로야구 이치로 선수가 입었던 것으로 유명해진 'CW-X'는 압박 이너웨어로 불린다. 압박 이너웨어란 착용했을 때 근육에 적당한 압력을 가하는 속옷을 말한다. 근육의 떨림을 억누르고 운동기능을 향상시켜 피로물질의 대사를 촉진함으로써 피로해소 효과가 있다고 한다.

상품에 따라서는 테이핑 효과나 허리와 관절의 안정, 혈액순환 촉진 등의 효과를 강조하는 것들도 있다. CW-X는 가격이 만만치 않았지만 신제품 출시 당시 조깅이나 마라톤이 유행할 때여서 마라톤 선수들을 중심으로 폭넓은 인기를 얻고 있었다. 나도 CW-X를 입어보기 전까지는 효과를 의

CW-X압박 이너웨어

심했지만 입어보고 나니 확실히 가격만큼의 가치가 있는 상품이라는 것을 알 수 있었다.

이 상품의 아이디어는 부상이나 피로로 약해진 근육을 보조하기 위해 테이핑을 하고 있는 선수를 보고 '이것을 옷으로 만들어 효과를 내면 어떨까'라고 발상을 떠올린 것이 계기가 되었다고 한다.

테이핑이나 보조적인 효과를 내려면 근육에 적당한 압력을 가할 필요가 있다. 의류에서 그런 효과를 내기 위해서 단순히 천을 둘둘 감기만 해서는 안 된다. 여기서 근육 모양과 움직임에 맞추어 천으로 누른다는 새로운 봉제 아이디어가 탄생했다.

그러나 이 '적당하게 압력을 가한다'는 것이 그리 간단하지 않다. 천(소재)의 수축에 따라 근육의 움직임과 수축이 조절되도록 밸런스를 맞출 수 있었던 것은 와코루의 기술 개발력에 힘입은 바가 크다. CW-X는 늘어나는 소재와 늘어나지 않는 소재, 두 종류를 조합함으로써 테이핑과 같은 효과를 내는 데 성공했다. '테이핑을 의류로 대체할 수 없을까'라는 관점의 전환에서 아이디어가 탄생했지만 와코루의 여러 기술적인 아이디어가 없었다면 상품이 완성될 수 없었을 것이다.

역발상에서 탄생한 프런트 훅 브라

새로운 상품을 만들려면 일반적으로 그 상품에 기대하는 것뿐만이 아닌 새로운 아이디어가 중요하다. 1978년 와코루가 빅 히트를 친 프런트 훅 브라의 사례를 살펴보자.

이 상품이 만들어진 계기는 가슴 라인을 예쁘게 보이게 하는 브래지어가 아니라 등 라인을 아름답게 보이게 하는 브래지어라는 역발상이었다. 당시 봄·여름 시즌에는 브래지어, 가을·겨울 시즌에는 거들을 판매하는 것이 일반적인 관례였다(봄·여름 시즌은 옷이 얇아지기 때문에 고객들의 수요는 가슴 라인이 아름답게 보이는 브래지어에 초점이 맞춰진다). 1977년 가을, 거들 CF를 촬영할 때 힙 라인이 아름다워 보이도록 뒤에서 사진을 찍으려고 했다. 그때 뒷모습을 예쁘게 보이게 하려고 훅이 없는 브래지어 한 장을 촬영용으로 만들었다고 한다.

그런데 이 CF 사진을 본 회사 여직원들과 거래처 사람들로부터 모델이 입은 브래지어를 구매하고 싶다는 요청이 잇달았다. 그래서 훅이 앞에 있는 프런트 훅 브라를 기획·개발하기 시작했다. 그 당시에도 프런트 훅 브라가 있었지만 임산부용에 한정되어 있어서 디자인이 예쁘지 않았다. 그래서 새로운 상품을 기획해야 했다. 또 착용 중에 풀리는 문제를 방지하기 위해서 국내외 혹 제조사로부터 온갖 종류의 혹을 사들여 쓸 만한 혹을 찾았다고 한다.

다행히 시제품을 착용한 여성들로부터 신선하다는 평가를 받았다. 당시에는, 아니 지금까지도 혹을 채우기 위해 브래지어의 등 부분을 앞으로 돌려서 채우고 다시 뒤로 돌려 입는 여성이 많다. 프런트 혹 브라는 이런 불편을 해소할 수 있는 제품이었다.

프런트 혹 브라는 시판 첫해에 목표였던 40만 장을 훌쩍 넘은 200만 장 판매라는 빅 히트를 쳤다. 프런트 혹 브라의 특징을 잘 나타낸 '여자에게는 앞과 뒤가 있다'라는 광고 카피도 한몫을 했다.

프런트 혹 브라라는 상품 기획의 성공은 '뒤에서 봐도 아름다운 속옷을 만들자'라는 역발상에서 탄생한 것이다.

문제에 대한 인식이 아이디어를 낳는다

프런트 혹 브라에 이어 1992년에는 '굿업브라'라는 브래지어를 출시해 다시 한 번 빅 히트를 쳤다. 당시 이 브래지어 광고는 크게 화제가 되었다. 상반신을 노출한 여성이 손으로 가슴을 가리며 가슴을 돌리는 동작에 맞추어 트로트 풍으로 "모으고 모아서 올려요"라는 내레이션이 흘러나온다. 그때

브래지어의 포지셔닝 맵(예)

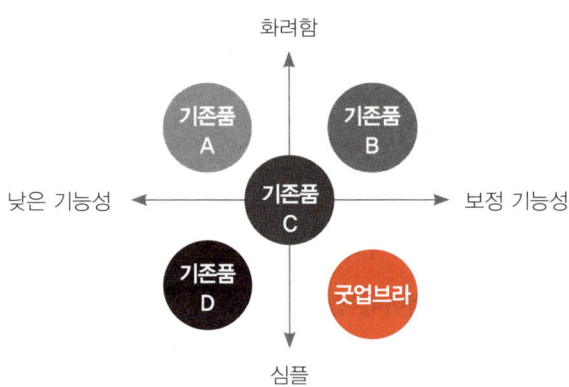

쿠도 씨는 대학교에 재학 중이었는데 이 광고를 보고 매우 충격을 받았고, 이것이 계기가 되어 와코루에 입사 지원했다고 한다.

광고 카피에서 강조한 '(가슴을) 모아서 올린다'는 콘셉트는 여성의 니즈를 정확하게 파악한 것이었다. 그 결과 1992년에 80만 장, 93년에 300만 장, 94년과 95년에는 각각 400만 장을 팔아 한때 와코루 브래지어 판매의 절반을 차지하는 빅 히트상품이 되었다.

쿠도 씨가 입사 후 연수를 받을 때 이 상품의 탄생 배경에 대해서 질문을 했더니, '모아서 올린다'는 것은 브래지어의 당연한 기능이라는 답변이 돌아왔다. 당연하다는 것은 바꿔 말해서 그 기능이 없다면 어떤 의미에서 브래지어라고 부를 수 없는 것이라는 의미가 된다.

처음 상품을 기획·개발할 때 고객 설문조사를 실시했더니 가슴을 모아주고 싶다, 올리고 싶다는 의견이 대부분을 차지했다. 제조사로서는 이런 기능을 보완해야 하는 게 당연했다. 따라서 비결정질(amorphous)이라 불리는 금속 실을 사용해 이전보다 모아서 올리는 기능을 향상시킨 제품을 기획·개발하고 본격적인 광고 중심 마케팅을 실시한 결과 빅 히트로 이어진 것이었다.

보정기능은 이전에도 있던 기능이었지만 그동안 고객의 니즈에는 미치지 못했다. 그렇다면 부족한 그 부분을 정확하게 집어내 고객의 니즈와 기대에 부응하는 것이 더욱 중요하다. 전문 제조사라는 점 때문에 오히려 간과하기 쉬웠던 핵심을 이 굿업브라에서는 어필함으로써 성공할 수 있었다.

쿠도 씨는 현재 와코루를 떠나 여성용 속옷과는 관계없는 업계에서 일을 하고 있다. 하지만 그는 "어디서든 핵심은 똑같다"고 이야기한다.

쿠도 씨처럼 비즈니스 아이디어를 단순히 아이디어로 머물지 않게 하기 위해서는 사업 기회를 잡는 것이 필요하며 이를 위해서는 세상에 있는 과제나 문제를 해결할 아이디어를 의식하는 것이 중요하다. 우선은 데이터를 축적하고 고객의 니즈를 끊임없이 들으면서 번뜩이는 아이디어가 떠오르기 쉬운 상황을 만드는 것이 첫걸음이다.

그리고 떠오른 비즈니스 아이디어를 숙성시키기 위해서는 다른 사람들과 의논하며 협력자를 만들어나가야 한다. 그렇지 않으면 단순히 아이디어로 끝나버려 히트상품이 되지 않는다.

와코루의 사례에서도 알 수 있듯이 아이디어는 우연히 떠오른 것이 아니다. 아무도 몰랐던 전혀 새로운 것도 아니었다. 중요한 것은 그 핵심에 의식이 향하고 있었냐는 점이다.

핵심에 접근하기 위한 방법론으로서 오스본 체크리스트(OCL : Osborn Checklist)라는 것이 있다. 다음에 나타난 7가지 시점에서 사물을 바라봄으로써 새로운 발상을 얻는 데 도움이 될 것이다. 7가지 체크리스트 중에서 와코루의 사례는 '확대하라'와 '역발상하라'가 해당된다.

•• 오스본 체크리스트

☐ 다른 용도를 생각하라(Other Use)

☐ 응용하라(Adapt)

☐ 수정하라(Modify)

☐ 확대하라(Magnify)

☐ 축소하라(Minify)

☐ 대체하라(Substitute)

☐ 재배치하라(Rearrange)

☐ 역발상하라(Reverse)

☐ 결합하라(Combine)

어찌 됐든 이러한 아이디어를 와코루 사원들이 깨달아 상품으로 완성한 덕분에 우리 남성들은 아름다운 여성들을 볼 수 있게 된 것이다. 감사한 일이 아닐 수 없다.

7

상식을 깨고
반대로 생각하다

역발상으로 신사업 프로젝트 성공, 디지털 포레스트

신규 사업을
시작하는 발상

시미즈 마사히로 씨는 글로벌 컨설팅 전문기업 '액센추어'에 입사해 컨설턴 트로서 사회 첫발을 내딛었다. 그 후 직장을 옮겨 인터넷 소프트웨어 판매 회사인 '디지털 포레스트'에서 활약했다. 디지털 포레스트에서 그는 웹 컨 설턴트, 신상품 개발 프로덕트 매니저, 신규 사업 책임자로 활동했다. 이 색적인 경력의 소유자인 그는 무엇보다 이 책에 등장하는 리더들 중에서 가장 젊고 활동적인 사람이다.

이번 장에서는 시미즈 씨가 사장의 특별 프로젝트를 수행하며 찾아낸 아이디어를 내는 방법에 대해 알아보자. 젊은 사원이 불과 몇 개월 만에 신 사업을 개발해 궤도에 올릴 수 있는 아이디어를 내고 실행하는 포인트를 발견할 수 있을 것이다.

불가능하다고 생각한 신규 사업을 떠맡다

웹 액세스 해석 소프트웨어를 개발한 벤처기업 디지털 포레스트에서 시미즈 씨가 웹 컨설팅 부문 매니저로 전체 회의에 참석했을 때의 일이다.

사장이 신규 사업의 콘셉트를 발표했다. 그 사업 콘셉트는 동종 업계의 어느 회사도 하고 있지 않았고 당시 상식으로는 도저히 불가능하다고 여겨지는 내용이었다. 모두들 그 콘셉트에 부정적인 반응을 보이며 "그 계획은 무리다", "담당하게 될 사람이 누군지 참 힘들겠다" 같은 소리가 직원들 사이에서 퍼졌다. 시미즈 씨는 당시를 회상하며 이렇게 말했다.

"저도 회의적이었어요. 물론 신규 사업을 맡아 하겠다고 나서는 사람은 아무도 없었죠."

며칠 후 사장으로부터 함께 점심을 먹자는 연락이 왔다. 입사 이래 단 한 번도 사장이 점심식사를 권한 적이 없었기 때문에 무슨 일일까 내심 걱정했다. 약속한 당일, 식사 자리에서 사장은 갑자기 "신규 프로젝트는 시미즈 씨가 담당하는 걸로 합시다"라고 했다.

사장은 신규 프로젝트에 회사의 미래가 걸렸으며, 기존 사업에 시너지 효과가 크다는 것을 강조했지만 시미즈 씨는 묵묵히 듣기만 할 뿐 마음의 준비가 되어 있지 않았다.

마지막으로 사장은 단호하게 말했다.

"만약 시미즈 씨가 맡지 않겠다면 이 프로젝트는 포기하겠습니다."

그렇게까지 말하는데 차마 '노'라고 거절할 수 없었다. 그 자리에서 단단히 마음을 먹고 '예스'라고 대답했다. 이렇게 해서 시미즈 씨는 갑작스럽게 신규 프로젝트의 책임자가 되었다.

프로젝트 책임자가 된 시미즈 씨가 우선 전념한 일은 사업성을 고려하면서 상품 서비스를 설계하고 아이디어를 내는 일이었다. 하지만 고객 조사를 할 예산도, 시간도 없었다. 그래서 오로지 상식을 뒤집어 역발상으로 접근하기로 했다. 먼저 서비스 계획을 짜서 고객에게 제공하고 나중에 수정해가며 상품 가치가 있는 서비스를 완성해 나가겠다는 작전이었다.

'상식에 얽매이지 말고 원점에서 시작한다'거나 '역발상으로 한다'는 원칙은 세워 놓았지만 막상 실행하려고 하니 생각만큼 쉽지 않았다.

컨설팅 업계의 상식을 뒤집다

새로운 서비스는 컨설팅 서비스를 목표로 한 것이다. 일반적으로 컨설팅 비즈니스는 일을 수주하면 갑자기 바빠졌다가 프로젝트가 끝나면 한가로워진다. 그러나 직원의 인건비는 고정이므로 일정한 수입을 유지하기 위해서는 매번 일을 수주해야만 했고, 어쩔 수 없이 상하관계가 심한 수렵형 비즈니스가 될 수밖에 없었다. 시미즈 씨는 수익 안정화를 위해 매달 일정 수입이 있는 농경형 비즈니스로 전환해야 한다는 생각에서 컨설팅 업계의 상식을 역발상으로 접근하고 싶었다.

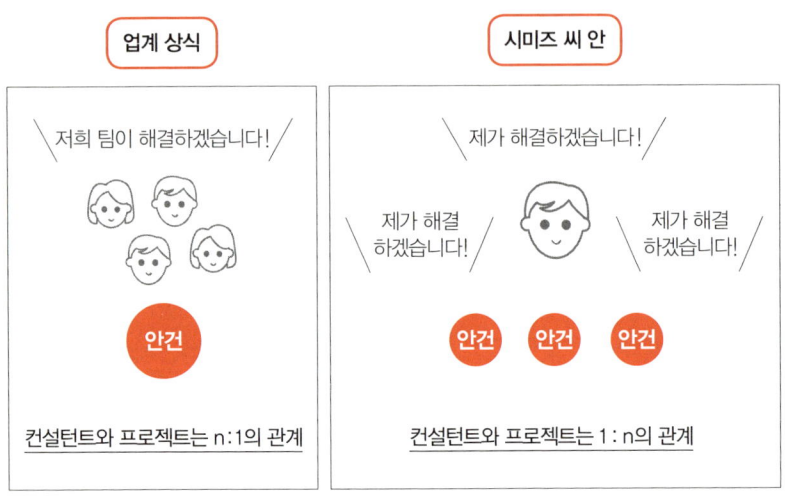

업계 상식

저희 팀이 해결하겠습니다!

안건

컨설턴트와 프로젝트는 n : 1의 관계

시미즈 씨 안

제가 해결하겠습니다!

제가 해결하겠습니다!

제가 해결하겠습니다!

안건   안건   안건

컨설턴트와 프로젝트는 1 : n의 관계

또 보통은 컨설팅 회사가 고객의 일을 맡는 경우, 하나의 프로젝트에 여러 명의 컨설턴트와 애널리스트가 한 팀을 이루어 일을 한다. 말하자면 '스태프 : 프로젝트 = n : 1'의 관계인 것이다. 여기서도 시미즈 씨는 정반대로 생각해보기로 했다. '스태프 : 안건 = 1 : n'의 관계, 다시 말해 혼자서 여러 프로젝트를 동시에 병행해서 담당하는 서비스로 가자는 것이다.

이렇게 결론만 보면 별로 대단할 것이 없는 것처럼 보인다. 하지만 시미즈 씨는 전에 일했던 컨설팅 회사에서는 물론 신규 프로젝트를 진행하는 디지털 포레스트에서도 이 업계의 관행과도 같은 '스태프 : 안건 = n : 1'의 관계로밖에는 일해본 적이 없었다.

시미즈 씨에게는 코페르니쿠스적 발상의 대전환이 필요했다. '이 방향으로 아이디어를 내면 신사업의 명제 중 하나인 안정적인 수입을 올릴 수 있지 않을까?'라는 확신을 가지면서 더 자세하고 구체적인 서비스 아이디어를 고민했다.

B2B 위탁 비즈니스 계약의 상식을 뒤집다

일반적으로 B2B(Business to Business : 기업과 기업 간에 이루어지는 실거래) 위탁 비즈니스에서는 고객이 제시한 과제가 명확하다는 것을 전제로 하고 있다(그것을 RFP ; Request for Proposal이라고 부르는 경우도 있다). 그 과제에 대해서 여러 수주회사가 실시 범위, 해결책(제공 내용), 기간, 금액, 인원이나 체제 등을 제안하고 발주회사가 그 제안들을 바탕으로 어느 회사에 일을 발주할지 결정한다.

그러나 시미즈 씨는 이런 방법에 의문을 갖고 있었다. '고객은 정말로 과제를 명확하고 적절하게 파악하고 있을까?'

비즈니스에서는 과제 해결에 주목하기 쉽지만 사실은 과제의 발견이 더 중요하다. 그래서 '고객은 과제가 무엇인지 명확하게 모른다'는 것을 전제로 한 서비스를 생각해냈다. 그 결과 계약 범위와 제공 내용에 제한이 없는 서비스 내용 및 계약이라는 획기적인 아이디어가 탄생했다.

B2B 위탁 비즈니스에서 계약 범위와 실시내용을 계약에서 규정하지 않는 것은 상식과는 거리가 멀다. 계약에서 규정하지 않으면 엄밀히 말해 고객이 어떤 요청을 하든 실행할 필요가 있다. 그런 위험성을 무릅쓰고 다른 회사가 실행하지 않는 것을 실시하게 된 것이다.

∙∙ 상식을 깬 역발상 ② – 계약의 상식은 상식이 아니다?

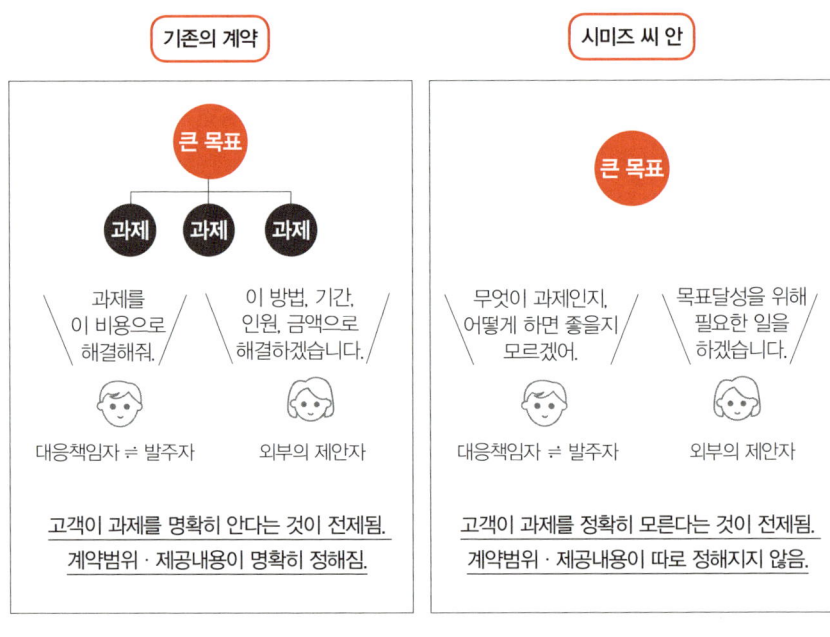

인터넷 업계의 상식을 뒤집다

인터넷 업계는 늘 신기술과 새로운 영업 방법을 고객에게 제안한다. 그렇기 때문에 타 산업보다 특히 신기술에 민감하다. 그러나 시미즈 씨는 조금 다른 의견을 갖고 있었다. 다른 업계에서는 일반적으로 받아들여진 것이 이 업계에서는 실시되지 않는 등 몇몇 부분에서는 상당히 뒤처진 것으로 보였다. 지속적인 개선 활동인 PDCA(Plan Do Check Action) 사이클 등이 실시되지 않는 점을 예로 들 수 있다.

인터넷 업계는 끊임없이 새로운 것이 탄생되고 있지만, 한편으로는 반성이 없는 업계이기도 했다. 인터넷 광고나 웹 페이지 기획은 텔레비전 광고나 잡지 광고와는 달리 나중에 분석해보고 수정할 수 있다는 특징이 있지만 잘못된 점을 수정하거나 제안하는 기업은 많지 않았다. 그래서 시미즈 씨는 PDCA를 베이스로 한 컨설팅 서비스를 하기로 결심한 것이다.

신상품 · 신규 서비스 개발의 상식을 뒤집다

시미즈 씨는 회사 내에서 신규 서비스를 시작하는 것 역시 관례와 반대로 접근하기로 했다. 신상품이나 새로운 서비스를 시장에 내놓을 때, 보통은 회사 내에서 의사결정과 승인이 필요하다. 그때 프로모션 계획, 생산계획, 판매계획 등 여러 가지 계획이나 관련 부문과의 사전조정 등이 필요하다.

•• 시미즈 씨가 준비한 자료

과제 인식

- 기업의 웹 담당자는 웹 마케팅의 PDCA 사이클이 중요하다는 것은 알고 있다. 그러나 C(Check)와 A(Action=Analyze)를 실시하는 사례는 드물다. 액세스 솔루션 활용방법이나 데이터 분석방법을 모른다. 귀찮다. 번거롭다.

- 액세스 솔루션을 하고 싶은 것이 아니라 체크, 분석의 결과 무엇이 문제이고 그것을 어떻게 개선해야만 하는지 적절하고 신속하게 파악해서 행동하고 싶다.

컨시어지 서비스 내용

위의 과제를 해결하기 위해서 다음의 내용을 제공한다.

● **서비스 개념**
- 고객의 웹 마케팅 수익률 향상과 더불어 바쁜 웹 담당자의 부담(분석 및 의사결정 업무)을 줄이는 것이다.
- 서비스는 웹 담당자의 참모가 되는 동시에 의논 상대, 상담 상대가 된다.
- 의사결정은 직감에 맡기는 것이 아니라 분석결과에 근거한다.

● **서비스 내용**
- 웹 마케팅이 갖고 있는 문제를 파악하고, 우선적으로 개선해야 할 문제를 체크한다.
- 매월 고객과 정기 회의를 해서 의사결정과 정책 결정을 돕는다.
- 각종 웹 마케팅 정책에 관한 어드바이스를 한다.
- 정량적인 월간 리포트를 제출한다.

그런데 시미즈 씨는 한편으로는 뛰어나지만 다소 무모하기도 한 사람이어서, 세부적인 시행계획은 제쳐두고 영업부터 시작했다. 팀원들에게 서비스 개요를 한눈에 볼 수 있게 만든 자료 한 장을 손에 쥐어주고는 회사 밖으로 영업을 내보냈다. 그렇게 하니 주문은 바로 따올 수 있었지만 회사 내부 체제는 아직 정비되지 않은 상황이었다. 영업에 필요한 자료는 물론이고 제안서나 서비스의 구체적인 내용조차 완성되기 전이었다.

돈을 지불하는 것은 고객이니 고객의 소리를 먼저 듣는다는 차원에서 고객을 상대로 영업부터 나간다는 것이 방향성 면에서 틀린 것은 아니었다. 팀원들도 그런 점에 공감대가 형성되면서 여러 계획이 추가로 검토되었다.

사내 관습을 뒤집다

당시에는 모든 결정을 부장 이상의 간부들이 내린다는 암묵적인 관습이 있었다. 그러나 시미즈 씨는 그것도 역발상의 대상으로 삼았다.

시미즈 씨는 부장 이상의 간부에게는 의견을 일절 듣지 않겠다고 결정했다. 그 대신 현장 직원, 회사 밖의 전문가나 잠재 고객들에게서 모은 의견을 정리해서 사장과 함께 최종 의사결정을 했다.

사내에서는 '시미즈 씨가 책임질 수 있나?'라는 비판도 있었다. 새로운 일을 시작하면 안 좋은 여론은 늘 따르는 법이다. 시미즈 씨는 비판의 목소리를 한쪽 귀로 고맙게 새겨듣고 한쪽 귀로 모두 흘려보냈다고 한다.

기존의 사업을 진행할 때는 풍부한 경험을 가진 사람의 의견과 조언을 귀담아들어야 한다. 그들의 의견이 거의 정확할 때가 많다. 하지만 새로운 사업을 시작할 때는 오히려 그 오랜 경험이 해가 되는 경우가 많다. 특히 기존 사업이나 조직에서 불가능했던 일을 신사업으로 실시할 때 회사 내에서 해답을 찾으려고 하면 잘못된 방향으로 가버리기 십상이다. 시미즈 씨의 방법은 사장의 특별 명령으로 시작한 프로젝트이긴 하지만 의사결정에 관한 역발상 덕분에 단기간에 성공을 거둘 수 있었다.

타사의 모방을 막기 위한 전략

기존의 상식과 반대로 한다는 발상으로 단시간에 시작한 신사업 프로젝트였지만 불안한 점이 있었다. 그것은 다른 회사, 특히 규모가 큰 경쟁 기업이 동일한 서비스를 시작해서는 안 된다는 것이었다. 아이디어란 처음에 그 조합을 생각하는 것이 어렵지 따라하는 것은 쉽다.

다른 회사가 금방 모방하기 어렵게 하기 위해 시미즈 씨는 다음 세 가지를 신경 썼다.

1 전혀 관련이 없는 업계의 장점을 벤치마킹한다

시미즈 씨는 인터넷이나 컨설팅 업계 이외의 기업에서 모방하기 쉽지 않은 경우의 예를 찾았다. 도요타와 세븐일레븐, 그리고 고급 술집에서 힌트를 얻어 서비스 내용을 세밀하게 수정했다. '느닷없이 웬 술집?'이냐며 의문을 가질 수도 있을 것이다. 시미즈 씨는 고급 술집이 서비스업 중에서도 수익률이 가장 높다는 점에 주목했다.

'왜 남자들은 순식간에 몇 십만 원이나 되는 돈을 술집에서 써버릴까?', '왜 끊임없이 고급 술집에 가는 걸까?'

시미즈 씨는 고급 술집에서 심리적인 분위기를 조성하는 방법과 고객을 만족시키는 방법에서 힌트를 얻었다.

2 모방이 곧 자기부정이 되는 내용을 담는다

어떤 상품이나 서비스가 잘 자리 잡아가면 다른 회사가 따라 하려고 하기 마련이다. 경쟁업체가 따라오는 것을 막을 수는 없지만, 그들이 모방하려고 하다가 저도 모르게 주저하게 만들 수는 있다.

시미즈 씨가 경쟁업체로 생각하고 있던 곳들은 인터넷 광고회사, 웹사이트 제작회사, 기업 솔루션 회사였다. 시미즈 씨는 그 업체들의 핵심 사업에 대해 역공을 날릴 수 있는 내용과 메시지를 검토했다. 경쟁 상대가 문제 삼을 수 없는 반대의 내용을 부각시키는 것이다.

예를 들어 광고회사의 핵심 사업은 광고를 판매하는 일이다. 이에 대비해 시미즈 씨는 광고 분석과 개선을 서비스 내용에 포함시켰다. '이 서비스를 도입하면 광고 효과를 바로 알 수 있어서 상황에 따라서는 광고를 중단하자는 제안도 나올 수 있습니다.' 광고 중단은 광고회사에게 치명적인 일이다.

또 웹사이트 제작회사의 핵심 사업은 웹사이트를 만드는 일이며, 사이트를 리뉴얼하게 될 경우 큰 수입이 생긴다. 이에 대비해 시미즈 씨는 사이트 리뉴얼보다 작은 수정을 반복하는 것이 비용 대비 효과가 좋다고 강조했다. 사이트 리뉴얼을 중단하거나 연기하면 웹사이트 제작회사는 수입이 감소하므로 이것 역시 고객에게 절대 제안할 수 없는 사항이다.

마지막으로 기업 솔루션 회사의 핵심 사업은 경쟁력 있는 솔루션 소프트웨어를 만드는 일이다. 솔루션 소프트웨어는 어느 회사에서 만들었든 큰 차이가 없으며 분석력·활용력·조직력이 더 중요하다고 강조했다. 솔루션 소프트웨어가 어디든 똑같다는 사실은 업계 종사자로서는 차마 밝히기 힘든 내용일 것이다.

3 디지털 포레스트다운 서비스를 제공한다

마지막으로 디지털 포레스트의 사업에 딱 들어맞는, 실현가능한 내용에 집중했다. 시미즈 씨가 하려던 일은 허무맹랑한 것도 아니고 교과서에 나올 법한 도덕적 이론을 관철하려는 것도 아니다. 그저 새로운 사업을 실현시키자는 것이다.

당시 디지털 포레스트의 기업이념은 '낭비를 없애고, 지속 가능한 경제 활동을 하며, 즐거운 인생을 실현한다'는 것이었다. 기업이념과 부합하는 점에서나 타사의 입장에서 봤을 때라도 '이 서비스는 디지털 포레스트가 적격'이라고 생각할 수 있는 콘텐츠에 집중했다.

프로젝트의 슬로건은 '빨리 실패하자'

프로젝트 책임자였던 시미즈 씨가 팀원들에게 자주 했던 말은 "빨리 실패하자"였다. 이것도 어떤 의미에서는 역발상에서 나온 아이디어였다. '성공하길 바라야 하는 프로젝트를 빨리 실패하자니?'라고 생각할지도 모른다. 그러나 시미즈 씨는 필요 이상으로 성공을 바라니까 프로젝트가 실패하는 것이라고 생각했다.

빨리 실패하기 위해서 70점의 서비스 안으로 시작했다. 성공하고 싶다고 생각하면 70점이 아니라 80점, 80점이 아니라 90점을 원하게 된다. 이런 욕심이 시간과 비용 낭비로 이어진다. 또한 스스로 90점이라고 생각했던 것이 70점인 것보다 성공 확률이 높다는 보장은 없다.

그런 까닭에 70점짜리라도 일단 시장에 내놓고 고객과의 피드백을 통해 잘못된 부분, 실패한 부분을 찾아내 개선해나갔다.

이런 사례는 웹 분야 서비스만의 특징일지도 모르지만 의외로 쉽게 흉내낼 수 없는 점이다. 사람은 성공만 바라보면 실패하기 싫어서 위축되고 겁쟁이가 되기 마련이다.

물론 결과적으로 성공을 바라지만 그 과정에서는 실패가 용인되었기 때문에 팀원들은 필요 이상으로 위축되지 않고 활동했다. '빨리 실패하자, 실패를 발견하게 되면 고치자'는 슬로건으로 PDCA를 반복하면서 점점 고객이 원하는, 팔리는 서비스가 되어갔다.

프로젝트 책임자로서 사업계획 단계에서 준비가 부족했다면 이것을 조기에 발견하고 싶은 마음이 있었다. 하지만 다른 분야 같으면 사업계획은 달성해야 할 목표겠지만 이번 프로젝트에서는 사업계획이란 것이 가설에 불과하다. 그 가설 하나하나를 조기에 입증 또는 반증하기 위해서라도 보다 정확한 수정계획을 만들고자 했다.

'사람들이 원하는 서비스를 만든다', '팀원들이 위축되지 않도록 편하게 일한다', '가설계획을 입증한다', 이 세 가지를 조기에 달성하기 위한 슬로건이 바로 '빨리 실패하자'였다.

사장과 의견이 엇갈린 첫 보고회의

신규 사업 프로젝트가 시작되고 2개월 후, 사장에게 중간보고를 하게 되었다. 아직 논의가 부족하긴 했지만 그 단계에서 서비스 안은 어느 정도 자리가 잡혀 두 개의 회사로부터 수주를 받기도 했다. 또 그 두 곳으로부터 피드백도 얻기 시작한 상태라 첫 2개월치고는 나쁘지 않다며 조금 안심하고 있었다. 그러나……

"그 서비스는 내가 만들고 싶었던 것이 아니네. 전혀 못쓰겠군."

기대와는 정반대의 결과가 나왔다. 보고를 시작한 지 5분 만에 사장의 한마디에 서비스 내용과 일의 진행이 일축되어버렸다. 서비스 내용, 타깃 고객층, 매상단가 등이 사장이 생각한 것과 완전히 달랐던 것이다. 시미즈 씨 본인이 신사업을 성공시킨다는 것을 너무 의식한 나머지 사장에게 확인받거나 충분히 보고하지 않았던 것이다. 2개월간 '보고·연락·상담'이 부족했다는 점을 반성하면서 시미즈 씨는 어떻게 할지 고민했다.

여기서 문제를 짚어보자.

상대는 창업자이자 사장이다. 그런데 일을 지시했던 사장에 의해 기획안이 부결되었다. 여러분이 만약 시미즈 씨 입장이었다면 어떻게 대응할 것인가?

이때 방법은 두 가지다. '지난 2개월 간의 작업을 백지화하고, 사장이 구상한 서비스를 만든다', 아니면 '사장의 구상과는 다르지만 실제로 수주를 받은 시미즈 씨의 서비스 안을 진행한다'.

시미즈 씨는 그 자리에서 사장에게 공을 넘겼다. 자신의 의견을 접어두고 사장에게 모든 결정권을 맡긴 것이다.

결국 두 회사로부터 수주를 받은 서비스 안으로 프로젝트를 진행하게 되었다. 여담이지만 사장은 자신이 처음 구상한 사업도 결국 시미즈 씨로 하여금 검토해보게 했다고 한다. 사장이 시미즈 씨보다 한 수 위였던 것 같다.

성공과 실패를 모두 맛보다

중간보고 이후의 반년 간은 아주 좋았다. 3개월 만에 목표로 삼았던 수주 15건을 달성하고 팀원들과 고급 음식점에서 회식을 할 수 있을 만큼 실적도 올렸다. 그 후에도 매상은 착실하게 올랐다고 한다.

그러나 2008년, '리먼 사태'라 불리는 글로벌 경제위기를 기점으로 고난의 시기에 돌입한다. 목표와 실적이 크게 차이 나기 시작하고 인건비가 손실을 더욱 크게 만들었다. 그 후 신사업은 기존의 컨설팅 사업에 흡수되어 비용 효율과 비용 삭감을 요구받는 단계까지 갔다. 결국 디지털 포레스트는 NTT 커뮤니케이션에 매각되었다.

시미즈 씨는 지금까지도 생각한다. 이 아이디어의 첫 2개월간 방향성과 중간보고에서 내린 결정은 적절했나? 중간보고 후 신사업을 확대할 때 사원 채용이나 시장동향 파악 등은 적절했나?

최종적으로는 시미즈 씨가 구상했던 사업이 채택되지 못했지만, 이로 인해 성공과 실패를 모두 맛보았으며 사업 자체는 지금도 계속되고 있다.

발상을 넓히려면 밖으로 나가라

시미즈 씨는 '상식과 반대로 생각한다', '모방할 수 없는 서비스를 구상한다' 같은 구체적인 내용을 찾기 위해 끊임없이 고민했다. 타고난 아이디어맨이거나 예술가 기질이 다분한 사람이라면 순간 아이디어가 번쩍일지도 모른다. 그러나 시미즈 씨는 우뇌적 발상이 능숙하지 못할 뿐만 아니라 아이디어 창출에 자주 사용되는 브레인스토밍도 잘 못한다고 한다.

대신 시미즈 씨는 의도적으로 망상하고 발상을 뒤집어 생각하려고 노력했다. 아이디어맨은 아니더라도 의도적으로 발상을 반대 방향으로 바꾸면 발상의 한계를 넓힐 수 있다는 사실을 시미즈 씨는 통감했다고 한다.

흔히 '책상 앞에 앉아 고민한다고 아이디어가 떠오르는 것은 아니다. 밖으로 나가야 한다'고 한다. 그 말을 교훈 삼아 시미즈 씨는 자주 술을 마시러 나간다. 사람 수가 많은 모임은 되도록 피하고 가능하면 둘이 마신다. 그때 어렴풋이 윤곽만 잡힌 아이디어를 이야기하고 상대의 의견을 구하기도 한다. 다른 사람에게서 지혜와 아이디어를 얻으며 자신의 발상의 한계를 넓혀 나간 것이다.

8

정보를 연결하면
창조적 순간이 열린다

주방의 혁신, 시스템키친 클린데이

한눈에 알아볼 수 있는
제품을 만들자

주방이나 욕실의 설비를 디자인하는 후지와라 토오루 씨에게 아이디어를
내는 방법에 대해서 들은 적이 있다. 흔히 생각하는 디자이너의 이미지처
럼 엉뚱한 아이디어를 내는 것이 아니라 고객의 니즈를 관찰하고 상식에
얽매이지 않는 발상을 한다는 것이었다.

그는 재능에 의존하지 않고 발상을 넓히는 데 성공해서 지금까지 세상
에 존재하지 않던 새로운 제품을 만들어냈다.

후지와라 씨는 주택설비 제조업체인 '크리나프'에 디자이너로 입사해 주
방기기와 욕실, 세면대 등 여러 제품을 디자인했다. 그 후에는 디자인뿐만
아니라 기획 전반을 담당하고 신규 프로젝트의 리더도 맡고 있다.

후지와라 씨는 어떠한 경우라도 끊임없이 쌓여가는 과제를 해결할 수

있었던 것은 아이디어를 만들어내는 창조성이었다고 말한다. 디자이너라 천부적인 디자인 센스도 필요하겠지만 제품을 만들어내는 데 무엇보다 중요한 것은 고객이 원하는 것을 상상하고 형태화하는 창조성이다.

이번 장에서는 후지와라 씨가 담당한 시스템키친 개발사례를 통해 아이디어를 내기 위한 방법론을 배워보자.

상식의 틀에서 벗어나라

1990년대 후반 신축 주택의 착공률이 감소하면서 주택 설비업계는 불경기에 휩싸였다. 크리나프도 예외는 아니었다. 축소된 신축 주택시장에서 다른 회사들과 치열한 가격 경쟁에 말려들게 되었고 수익은 대폭 감소했다.

당시 매출의 20% 이상을 차지하던 시스템키친 '클린데이' 판매율 하락이 결정적 영향을 미쳤다. 그래서 기사회생을 바라며 클린데이 전 모델 리뉴얼 작업이 이루어지게 되었다. 후지와라 씨는 이 프로젝트의 책임자로 임명되었다.

그때까지 후지와라 씨는 주방기기가 아니라 욕실 위생도기의 디자인을 담당하고 있었다. 개발 프로젝트를 총괄하는 역할은 처음이었다. 그는 담당 분야가 다를 뿐 아니라 디자이너가 프로젝트의 총괄 책임을 맡았다는 점 때문에 불안감도 컸다고 한다.

그러나 돌이켜보면 오히려 기존 업무와 다른 분야의 신제품 개발 테마를 담당한 덕분에 상식에 얽매이지 않을 수 있었다. 이것 역시 획기적인 아이디어를 내는 데 효과적이었다고 한다.

실제로 후지와라 씨 팀이 개발한 '뉴 클린데이' 덕분에 회사 전체가 살아나고 회사의 전 부문이 같은 방향성을 가지고 움직였다. 시장에서도 예상을 뛰어넘는 히트를 쳐서 크리나프의 수익 곡선은 V자를 그리며 상승했다.

그렇다면 뉴 클린데이의 아이디어가 어떻게 탄생되었는지 살펴보자.

한눈에 알아볼 수 있는 디자인

1998년 크리나프의 시스템키친 클린데이 판매율 하락의 원인은 신규 참여업체를 중심으로 한 경쟁사들과 가격 경쟁에 휘말리게 되었기 때문이다. 그러나 후지와라 씨는 분명히 다른 이유가 있을 것이라고 생각했다.

후지와라 씨는 책임자로서 제품을 다시 바라보고 깜짝 놀랐다고 한다.

어느 날 그는 우연히 여러 회사의 최신 시스템키친 특집기사가 실린 잡지를 보게 되었다. 솔직히 언뜻 보아서는 어느 것이 크리나프 제품인지 알 수 없었다. 회사마다 주방가구 디자인이 거의 비슷했다. 후지와라 씨는 욕실 위생도기 담당이라 주방가구에 대해서는 잘 모르기 때문에 더 비슷해 보였을지도 모른다. 하지만 관련업계 디자이너로 일하고 있는 후지와라 씨조차 그렇게 느꼈다면 일반 고객들은 제품을 구별하기가 더 힘들 것이다.

이런 상황이라면 주방가구를 고를 때 점원의 추천에 따르거나 가격이

저렴한 제품을 선택할 게 뻔했다. 언뜻 봤을 때 디자인이 같다는 것은 고객에게는 상품 가치에 차이가 없다는 뜻이 된다.

이에 따라 제품 개발에 대한 방향이 설정됐다. 앞으로 개발할 신상품은 한눈에 클린데이라고 알아볼 수 있는 디자인으로 만들어 다른 회사와 차별화할 필요가 있었다. 이는 후지와라 씨가 디자이너이기 때문에 한순간에 떠오른 생각처럼 보이지만 실제로는 제품을 만드는 팀원 모두가 함께 의견을 공유함으로써 나올 수 있었던 것이다.

책을 출판할 때도 마찬가지다. 책에서 가장 먼저 눈에 띄는 게 책의 얼굴인 표지와 디자인이다. 엄밀히 말해 저자인 나는 외형적인 디자인에는 책임이 없다. 디자인은 북 디자이너가 알아서 멋지게 해줄 것이다.

그렇지만 책의 내용과 표지 디자인이 잘 맞아떨어지지 않으면 좋은 상품이라고 할 수 없다. 그래서 나는 내 책이 서점 판매대에 진열되어 있을 때, 다른 책들 사이에서도 눈에 띄는 모습을 생각하며 아이디어를 낸다.

관점이 디자인을 바꾼다

후지와라 씨는 한눈에 클린데이라는 걸 알아볼 수 있는 디자인을 만들기 위해 지금의 디자인에서 탈피해야 한다는 것을 알았다. 그러기 위해서는 어떤 관점에서 디자인을 바꾸면 되는지 부서 차원에서 찾아보기로 했다.

당시 주방가구의 역할범위는 '조리에서 설거지까지'라는 것이 정설이었다. 조리에서부터 설거지에 이르는 가사 범위 안에서 각 회사마다 새로운 기능을 제안하고 상품의 경쟁력을 자랑했다. 그렇기 때문에 완성된 디자인이 모두 비슷한 외관을 띠게 되었는지도 모른다.

발상을 넓힐 필요가 있었다. 그래서 후지와라 씨는 '조리 전 장보기부터 뒷정리 후 쓰레기 버리기까지' 주방의 역할범위를 넓혀서 새로운 관점을 찾기 시작했다.

새로운 관점에서 나온 가설

'조리에서 설거지까지'에 머물렀던 주방의 역할범위를 '장보기에서 쓰레기 버리기까지'로 확대하자 수납에 관한 새로운 문제점들이 보이기 시작했다.

하나는 대량으로 구매한 식재료의 수납 문제였다. 예를 들어 요즘에는 식재료를 한꺼번에 구입하는 가정이 많아졌다. 맥주도 할인마트에서 박스째 구입하는 것이 당연시되었고 구매한 제품을 배달해주는 배송 서비스를 받기도 한다.

시스템키친이 처음 시장에 나왔을 때만 해도 식재료를 한꺼번에 구입해 부엌에 수납하는 대량구매 습관이 일반적이지 않았다. 현재의 시스템키친은 대량의 식재료들을 모두 수납할 수 있는 형태가 아니기 때문에 부엌에 정리되지 않은 식재료가 넘쳐나게 된 것이다.

또 다른 하나는 조리용 가전제품의 수납이었다. 고기를 구울 때 사용하는 불판은 협소한 부엌에서 무시할 수 없는 공간을 차지한다. 식탁 위의 버너도 수납하기 어려운 조리기구다. 이런 것들은 고작 한 달에 한두 번 정도밖에 쓰지 않아서 선반 위에 처박아 두거나 조리 중에 튀는 기름때로 얼룩지기 마련이다.

박스째 구입한 캔맥주, 가끔 사용하는 불판이나 버너, 갈 곳 잃은 식재료……. 주방을 잡다하게 만드는 이런 것들을 모두 수납할 수 있는 형태로 디자인한다는 가설이 설정되었다. 이것을 실현하는 디자인이 고안된다면 클린데이에 새로운 수납 형태가 탄생하는 결과가 될 것이다. 주방의 역할 범위에 장보기라는 새로운 관점을 더함으로써 발견한 하나의 가설이었다.

철저한 조사에서 나온 제품 콘셉트

후지와라 씨의 팀은 이 가설을 증명하고 싶어서 일반 소비자의 부엌 수납 실태에 대해 조사했다. 일반가정 150가구를 샘플로 정하고 주방의 수납실태를 보여주는 사진을 가구당 30장씩 찍어 보내달라고 했다. 이렇게 모인 약 5천 장의 사진을 철저하게 분석했다.

결과는 예상대로였다. 사진에 찍힌 각 가정의 부엌에는 주방용품이나 식재료가 어수선하게 쌓아올려져 있었다. 캔맥주 상자는 한쪽 구석에, 버너나 냄비는 식기선반이나 냉장고 위에 놓여 있었다. 한꺼번에 구입한 식료품이 갈 곳을 잃은 채 부엌 구석에 쌓여 있었다. 이 조사 덕분에 제품의 콘셉트가 결정되었다.

'주방을 잡다한 공간으로 만드는 물건들을 모두 수납할 수 있는 클린 부엌을 실현하는 새로운 시스템키친, 뉴 클린데이'

이제 팀은 클린데이의 새로운 디자인을 만들기 위해 이런 콘셉트를 실현할 제품사양을 구상하기로 했다.

숨어 있는 수납공간을 찾다

우선 넓이와 장소는 제쳐두고 싱크대 찬장 중에서 수납에 사용되지 않는 공간을 찾았다. 싱크대 아랫부분에는 '걸레받이'라 불리는 공간이 있다. 싱크대 앞에 섰을 때 발끝이 들어가도록 바닥 위에서 11센티미터 정도 되는 움푹 들어간 부분을 말한다. 11센티미터 높이에 주방가구의 길이만큼 길게 나 있는 공간은 너무나 아까운 공간이다. 사용되지 못하는 이 공간을 수납공간으로서 효과적으로 활용하려면 어떻게 해야 좋을지 생각했다.

하지만 이 공간을 활용하려고 해도 불과 11센티미터의 높이로는 뭔가 수납하기에 턱없이 부족했

'걸레받이'라 불리는 움푹 들어간 부분

•• 숨은 공간(데드 스페이스) 몰아주기 설계

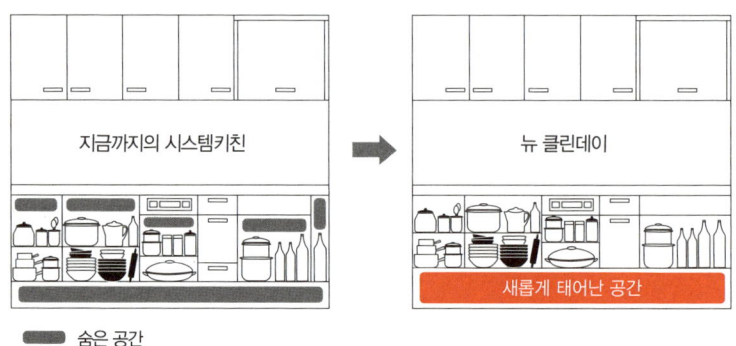

지금까지의 시스템키친 → 뉴 클린데이

새롭게 태어난 공간

■■■ 숨은 공간

이 '한 줄의 선'이 뉴 클린데이로 이어졌다.

다. 캔맥주의 높이는 약 18센티미터, 부탄가스는 19.5센티미터 정도다. 세워서 수납하려면 여유 공간을 포함해 높이가 21.5센티미터는 되어야 했다. 실제 클린데이의 걸레받이 높이는 11센티미터로, 21.5센티미터보다 10.5센티미터가 부족하다.

여기서 도움이 된 것이 일반가정의 수납실태 조사 사진이었다. 기존의 여닫이문 싱크대에서 아래 수납칸 맨위의 약 10센티미터 정도의 공간은 가정에서 실제로는 거의 제대로 활용하지 못하는 숨은 공간(데드 스페이스)이었다. 걸레받이의 높이 11센티미터에 더하여 활용되지 못하는 10센티미터 이상을 아래로 끌어내려도 수납 공간은 줄지 않는다.

담당자가 당시의 클린데이 사진에 보이는 바닥면에서 약 25센티미터 정도 위에 선을 하나 그었다. 그러자 그 선 아랫부분을 서랍으로 만들면 식재료들이 모두 깔끔하게 수납될 수 있을 것 같았다. 더불어 지금까지 쌓여 닫이문 방식이었던 수납형태를 위아래 모두 서랍으로 만들기로 했다.

발밑 부분을 통째로 사용하는 이 '획기적인 발명'으로 인해 21.5센티미터 높이에 싱크대 길이만큼이나 되는 폭넓은 수납공간을 확보할 수 있게 되었다.

주방가구 설계의 범위를 조리에서 조리 이전으로 넓힌 것, 그리고 고객 조사를 통해 필요한 공간을 확보한 것, 이 두 가지 요소가 한 줄의 선으로 집약되어 뉴 클린데이로 이어졌다.

디자인을 위해 서랍 레일을 바꾸다

그런데 이 수납형태를 실현하기 위해서 설계 면에서 풀어야 할 큰 과제가 있었다. 그것은 바닥까지 꽉 차게 설치된 서랍을 어떻게 부드럽게 열고 닫는가 하는 문제였다.

캔맥주나 냄비처럼 무게 있는 것을 넣어도 부드럽게 열리고 닫혀야만 한다. 그러나 당시 클린데이가 사용하던 서랍용 레일에는 문제가 있었다. 레일이 무거운 물건을 견디지 못하고 아래로 내려앉았다. 서랍이 내려앉으면 바닥을 긁거나 주방 매트에 걸리는 문제가 발생한다.

처음 시험 제작을 했을 때는 이 내려앉는 현상을 방지하기 위해서 시험 삼아 서랍에 다리바퀴를 달아 보기도 했다. 하지만 이 방법으로는 서랍을 열 때 바퀴 소리가 나서 결코 기분 좋게 열고 닫을 수 없었다. 이 문제를 해결할 수 있는 것은 하중을 견디는 힘이 강한 호주 블럼 사의 '탠덤박스 플러스'라는 레일밖에 없었다. 그러나 이 레일 가격은 당시 클린데이가 사용하던 레일보다 두 배 이상 비싼 고급 제품이었다.

고민 끝에 새롭게 디자인한 서랍에 부드럽게 열고 닫히는 느낌은 반드시 필요한 요소라고 생각해서 이 최고급 레일을 달기로 결심했다.

제품 아이디어와 고객에 대한 마음을 세일즈 토크에 담다

이제 기본적인 제품 사양에 대한 의견이 정리되고 새롭게 제안한 수납 디자인을 구체적으로 검토하는 단계에 들어갔다. 이때 디자인 조건으로 재확인한 것은 클린데이라는 것을 한눈에 알 수 있는 디자인이었다.

'한 번 보고 안다', 다시 말해 다른 회사 제품과 눈에 띄게 차별화되게 하기 위한 디자인 요소는 두 가지가 있었다.

하나는 이제까지 전혀 신경 쓰지 않았던 위치에 새로운 수납공간을 설계한 것을 단번에 알아차리게 하는 디자인이다. 또 하나는 여기에 수납할 것은 캔맥주나 불판, 냄비같이 크고 무거운 것들이므로 이렇게 무거운 물건을 수납해도 꿈쩍도 않는 튼튼함과 안정감을 주는 디자인이다. 이 두 가지가 디자이너에게 주어진 디자인 콘셉트였다.

우선 특별히 신경을 썼던 것이 소재였다. 한눈에 차이를 알 수 있도록, 흔히 싱크대 찬장에 사용하는 저렴한 나무 재질이 아닌 알루미늄 소재를 선택했다.

표면에는 자잘한 요철이 도드라진 로렛가공을 했다. 이것은 트럭 컨테이너 부분의 표면가공이나 독일 가방 브랜드 '리모와'의 알루미늄 캐리어를 연상시킨다. 충격에 강하고 터프한 이미지를 떠올리게 하고 싶어서였다.

싱크대 하단 전체에는 트럭 컨테이너 같은 모양의 공간이 만들어졌다. '플로어 컨테이너'라는 이름의 새로운 수납공간이다. 한눈에 클린데이라는 것을 알 수 있는 디자인이 완성된 순간이다.

일반적으로 디자인이란 사물의 색깔이나 모양 같은 외관을 가리킨다고 생각하기 쉽지

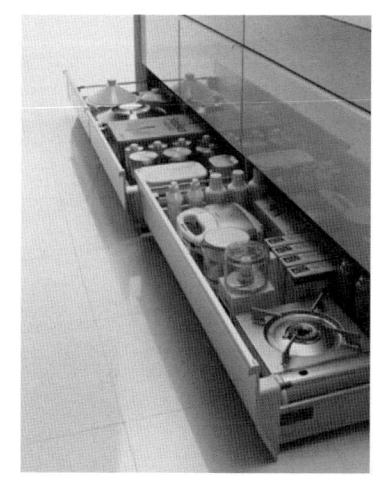

'플로어 컨테이너'의 디자인(현재의 클린데이)

만 클린데이의 예에서 보듯 원래 디자인이란 제품에 담긴 철학과 진정성을 표현한 것이 아닐까 싶다.

프로젝트 리더로서 후지와라 씨의 역할은 이뿐만이 아니다. 이제까지 없던 아이디어를 고객에게 전달하기 위해서 영업사원에게 뉴 클린데이의 장점을 알려줘야만 했다.

후지와라 씨가 이끈 개발팀은 플로어 컨테이너에 커다란 자신감이 있었다. 하지만 이 신기능이 회사로부터 단번에 히트 아이템으로 인정받은 것은 아니다. 한창 개발 중일 때 다른 부서로부터 받은 평가는 '발밑에 수납공간이 조금 늘어났을 뿐'이라는 정도였다.

좀처럼 좋은 평가를 받지 못한 채, 전국의 영업사원과 쇼룸 어드바이저를 대상으로 하는 신제품 세미나 날짜가 다가왔다. 세미나 순서를 검토하던 중 어떤 식으로 이 상품의 장점을 전달하면 좋을지에 대해 세미나 운영진과 상담할 기회가 생겼다.

그들에게 제품을 제대로 설명할 수 있다면 분명 효과가 있을 것이라고 생각해서 그날을 기대하고 있었다. 그러나 마침 그날 후지와라 씨는 열이 나고 몸이 안 좋아서 회의에 참가할 수 없었다.

그렇지만 어떻게든 개발에 담긴 열정을 영업사원들에게 전하고 싶어 플로어 컨테이너 개발 경위를 A4 용지 한 장 가득 적어 팩스로 보냈다. 팩스를 읽은 운영진들은 플로어 컨테이너가 부엌의 스타일을 바꿀 획기적인 수납이 될 것임을 알아보고 그 가치에 공감해주었다. 지금까지의 평가에서 이 플로어 컨테이너는 단순히 발밑에 있는 서랍장이라는 '물건'밖에 보이지 않았다. 가장 중요한 포인트인 플로어 컨테이너가 무엇을 실현한 것인가, 고객의 주방 생활을 어떻게 변화시킬 것인가가 전달되지 않았었다.

영업사원 세미나에서는 이 새로운 서랍의 개발 경위를 그대로 이야기하기로 했다. 나중에 전국에서 시작된 신제품 세미나에서 운영진들은 이 수납 아이디어가 상품화되기까지 진행되었던 개발 과정을 영업사원용 세일즈 토크로 알기 쉽게 정리해서 들려주었다. 이 세일즈 토크를 통해 상품에 담겨진 아이디어와 고객에 대한 마음이 스토리가 되어 상품과 함께 전국으로 퍼져나갔다.

고객이 진심을 알아주다

드디어 판매가 시작되었다. 고객에게 전달할 내용은 물론, 하부 서랍장에 넣을 물건들이나 서랍을 여는 타이밍까지도 세일즈 토크로 정리해서 전국의 영업사원과 인테리어 전시장의 안내원들이 그대로 실천했다.

인테리어 전시장을 방문한 고객은 처음에 발밑에 있는 알루미늄 서랍을 보고 "이게 뭐지?" 하며 호기심을 가질 것이다. 그 서랍 안에는 지금까지 주방 주변에서 수납되지 못하고 나뒹굴던 것들이 깔끔하게 정돈되어 있다. 게다가 가볍게 만져도 스윽 열린다.

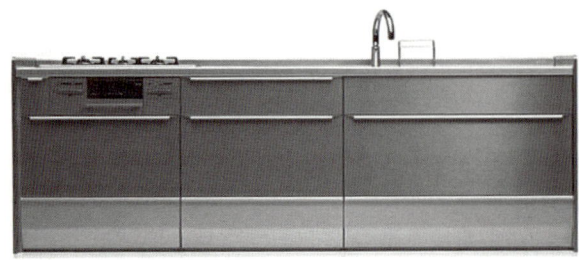
지금까지도 많은 사랑을 받고 있는 클린데이

　　고객은 한결같이 "와! 대단하다!" 하며 놀란다. 주방이 가진 문제점을
해결한 아이디어가 발휘되었기 때문이다. 이 장치가 멋지게 시연되어 고객
이 놀라고 공감하고 감동하는 모습을 보며 운영진들은 제품을 고객에게 안
내하는 것이 즐거워지고, 회사 전체의 동기부여가 단숨에 올라갔다. 주방
가구 전문 제조사로서 제품에 담긴 마음과 진심을 고객에게 설명하고 공감
받을 때만큼 기쁜 일은 없을 것이다. 이 뉴 클린데이 판매를 계기로 회사
전체가 활성화되었고 전 부문이 같은 방향성을 갖고 활발하게 움직이기 시
작했다. 아이디어 하나가 회사 전체에 활기를 불어넣은 것이다.

다양한 정보의 조합에서 탄생한 '창조적인 순간'

아이디어는 결코 하늘에서 뚝 떨어진 행운이 아니라 문제를 하나하나 해결
해가는 가운데 얻어낸 노력의 산물이었다. 아이디어가 필요한 방향을 정확

하게 파악하고 수많은 조사에 근거한 정보를 조합함으로써 제품의 콘셉트나 기능에 관한 아이디어를 만들어냈다.

최종적으로 플로어 컨테이너에 모아진 21.5센티미터의 새로운 수납공간도 그때까지 주방 안에 존재하던 숨은 공간을 조합해 만들어낸 것이다. '이미 존재하는 것을 조합해 지금까지 없던 새로운 것을 창조해낸' 사례다.

이 창조라는 것도 사실은 기존의 시스템키친 사진 위에 선 하나를 그은 것뿐이다. 그런 점에서 볼 때 새로운 주방의 기초가 된 아이디어는 불과 몇 초 만에 완성된 것이라 해도 과언이 아니다.

하지만 바닥에서 25센티미터 높이에 그은 한 줄의 선은 천재가 한순간의 즉흥적인 번뜩임으로 얻어낸 것이 아니다. 고객들의 가정을 일일이 방문해서 여러 작은 불만들을 듣고 수납실태를 조사해서 5천 장이나 되는 사진을 모으고, 또 그들로부터 수납하고 싶은 물건의 치수 등을 파악하는 등 그때까지 모아온 수많은 정보를 조합한 결과 얻은 것이다.

마지막으로 후지와라 씨 팀이 이끌어낸 아이디어를 간단히 정리하면 다음 p.166의 표와 같이 연결할 수 있다.

발밑에서 약 25센티미터 높이의 선 한 줄은 개발 주제가 결정된 직후에 바로 그을 수 있었던 것이 아니다. 그때까지는 시장조사나 수납실태 조사, 수납할 물건들의 측정과 각 부재료의 구성설계 등 다양한 상품 개발에 관한 조사가 이루어졌다. 그 하나하나의 행위가 이루어진 시기나 담당

•• 25센티미터 높이의 선을 긋기 위해 모은 정보

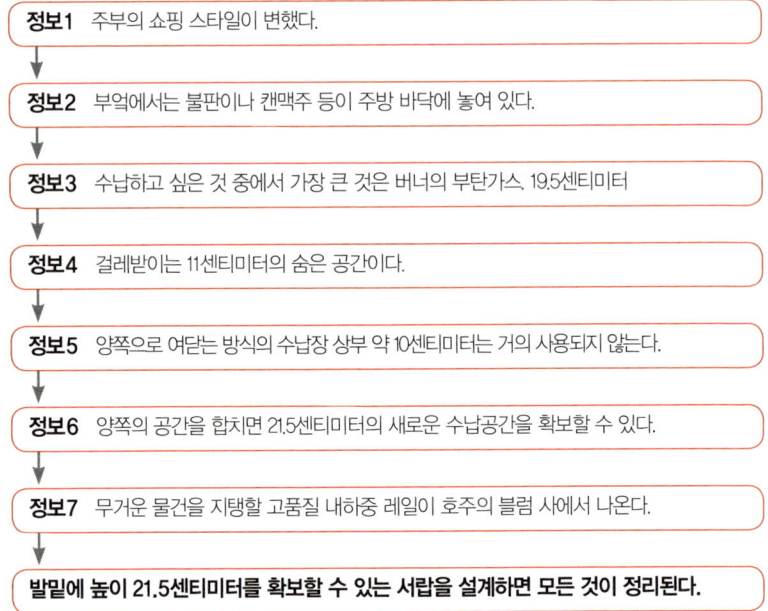

정보1 주부의 쇼핑 스타일이 변했다.

정보2 부엌에서는 불판이나 캔맥주 등이 주방 바닥에 놓여 있다.

정보3 수납하고 싶은 것 중에서 가장 큰 것은 버너의 부탄가스. 19.5센티미터

정보4 걸레받이는 11센티미터의 숨은 공간이다.

정보5 양쪽으로 여닫는 방식의 수납장 상부 약 10센티미터는 거의 사용되지 않는다.

정보6 양쪽의 공간을 합치면 21.5센티미터의 새로운 수납공간을 확보할 수 있다.

정보7 무거운 물건을 지탱할 고품질 내하중 레일이 호주의 블럼 사에서 나온다.

발밑에 높이 21.5센티미터를 확보할 수 있는 서랍을 설계하면 모든 것이 정리된다.

한 사람들은 제각각이었지만 최후의 선을 긋기 위한 각각의 정보가 개발 팀 내에서 하나로 뭉쳐졌던 것이다.

클린데이의 신화는 천재 한 명의 발상만으로 탄생한 것이 아니라고 후지와라 씨는 말한다. 그리고 이렇게 덧붙였다.

"이 개발 주제에는 많은 정보가 있었습니다. 플로어 컨테이너 외에도 많은 새로운 아이템을 개발하고 있는데 모두 똑같이 정보를 서로 연결했다는

것을 전제로 합니다. 최후의 한 조각을 메우는 순간을 창조적인 순간이라고 할 수 있지만 이 창조적인 순간을 이끌어내기 위해서는 정보들을 서로 연결하는 것이 중요합니다. 저는 오랫동안 상품 개발 업무를 담당하고 있는데 기획 작업이라는 건 이처럼 다양한 정보를 몇 번이고 반복해서 서로 연결해서 하나의 시나리오를 만드는 것이라고 생각합니다. 그리고 그 시나리오가 얼마나 자연스럽게 고객의 마음속에서 받아들여지는가가 매우 중요합니다."

에디슨은 번뜩임에 대해 다음과 같은 명언을 남겼다.

'천재는 1퍼센트의 영감과 99퍼센트의 땀으로 이루어진다.'

이 말은 노력의 중요성을 나타낸 것이라고 하지만 1%의 번뜩임이 없으면 99%의 땀은 쓸모없다는 의미도 될 수 있다. 에디슨이 말하는 99%의 땀은 한 사람에 의한 것이 아니며 그런 노력 없이는 성립되지 않는 것이 현대 기업에서 이루어지는 상품 개발 과정이다.

후지와라 씨 팀에서는 1%의 번뜩임이 한 줄의 선으로부터 나온 아름답고 실용적이며 획기적인 디자인 제품으로 결실을 맺은 것이다.

9

아이디어는 재능으로
만들어지는 것이
아니다

제약을 한걸음
뛰어넘다

기업에서 아이디어를 내기 위해서는 제약조건을 정확히 파악할 필요가 있다. 일반적인 상식을 깨뜨리거나 발상을 전환하기 위해서라면 기발한 아이디어를 찾아내기 쉽다.

흔히 해당 분야에 초보일수록 참신한 발상이 나온다는 이야기들을 하는데 무조건 참신한 발상이라고 해서 좋은 아이디어는 아니다. 물론 새로운 아이디어를 이끌어낼 때 상식이 오히려 방해가 되는 경우가 있다. 그러나 상식이 없는 무모한 아이디어가 반드시 참신한 것은 아니다.

1장에서 8장까지 각 기업의 리더가 결론이 되는 아이디어를 어떻게 이끌어냈는지 살펴보았다.

아이디어를 내는 데는 제약조건이 있다. 그리고 관련 업계에 오랫동안 종사하고 있으면 상식에 얽매이기 쉽다. 예를 들어 크리나프의 사례에서 후지와라 씨는 어느 제조사나 디자인이 비슷비슷하다는 점에 착안하여 조리에서 조리 전후 상황까지 주방 이용 범위에 포함시켰다. 그것이 획기적인 아이디어로 이어지는 힌트가 되었다.

아이디어의 범위를 확장해보는 것도 중요한 발상법의 하나다. 자가리코 브랜드 매니저인 야나이 씨도 자가리코 용기 디자인을 바코드까지 포함한 범위로 확장시켰다. 이 책에서도 보통 책 뒷면에 위치해 눈에 띄지 않는 바코드를 독특하고 재미있는 디자인으로 만들어 전면에 내세웠다. 잘 보면 바코드가 책의 표지뿐만 아니라 옆면, 그리고 책 중간의 각 장이 시작되는 부분까지 이어지는 디자인으로 되어 있다. 책 디자인은 '표지'라는 고정관념을 뛰어 넘은 발상에서 나온 아이디어다.

아이디어를 테마로 한 책이라서 표지 또한 재미있게 만들어보았다. 이것은 게임 프로듀서 바바 씨가 말한 '아이디어의 방향성을 명확하게 한다'는 것과 일맥상통한다. 이 책은 바바 씨가 말한 것처럼 '사람의 기대를 앞서가는 것이 훌륭한 아이디어'라는 것을 감안해 책을 읽고 깨달은 사람이 감탄할 수 있도록 신경을 썼다.

이런 장치들을 눈치채지 못했더라도 책의 내용은 이해할 수 있을 것이다. 하지만 숨겨진 아이디어를 발견한다면 그것에 감탄하고 즐거워져서 제품에 애착을 갖게 되지 않을까.

역발상의 소재를 만드는 법

산토리의 카자마 씨, 가루비의 야나이 씨는 모두 그 업계에 관련된 지식이 타의 추종을 불허한다. 그들과 맥주 한잔 하면서 음식이나 음료 이야기를 듣고 있노라면 언제나 놀라움에 입이 다물어지지 않을 정도다.

좋은 발상을 하려면 관련 지식을 많이 쌓는 것이 중요한데 이것은 재능이 아니다. 단순히 쌓아올린 지식을 썩히는 것이 아니라 역발상의 소재로 사용하면 마쓰이 증권에서 신규 사업을 창안한 시미즈 씨처럼 새로운 제품이나 서비스를 만들어낼 수 있다.

시미즈 씨는 스스로를 창의적인 우뇌형이 아니라 경직된 좌뇌형 인간이라고 하는데, 그 발상을 반대로 전환한다는 방법론을 구사함으로써 업계에서는 드문 신사업을 창안해내는 데 성공한 것이다.

'반대로 생각한다'는 것은 나도 자주 쓰는 방법이다. 예를 들어 나는 '초밥집 조찬모임'이라는 모임을 운영하고 있는데, 베스트셀러 작가를 초밥집에 초대해 작가의 자리를 계속해서 바꾸는 것이 콘셉트다. 회전초밥집에서는 초밥이 돌아가고 손님의 자리는 그대로지만 이 모임에서는 그와 반대로 작가가 각 테이블을 도는 것이다. 특히 이른 아침에 초밥집으로 모인다는 것이 특징이다.

여기서 이질적인 것을 어떻게 버릴 수 있는가가 중요하며, 이를 위해서 여러 지식을 자신의 것으로 만들어 머릿속에 축적해두는 것 역시 중요하다.

이 책에서 실제 사례를 들어 발상법을 소개한 것은 그러한 까닭에서다. 독자 여러분들의 머릿속에 여덟 명의 경험이나 아이디어가 잘 입력되어 새로운 아웃풋으로 이어지길 기원한다.

마쓰이 증권의 와타나베 씨는 '반대로 생각한다'는 아이디어로 야간 선물거래를 설계했다. 그는 전 직장에서 익힌 홍보기법을 잘 활용해서 신규사업을 구축하는 데 활용했다. 재능이 아니라 방법을 알면 와타나베 씨처럼 성공을 거둘 수 있다.

숨겨진 힌트의 발견

아이디어를 내기 위한 힌트는 그 회사의 업무에 숨어 있는 경우가 많지만 눈치채지 못할 때도 많다. 와코루에서 근무하는 쿠도 씨는 여성 속옷인 브래지어를 보며 '정면이 아니라 등이 아름다워 보이는 브래지어를 만들면 어떨까'라는 생각을 했다. 그리고 그것이 계기가 되어 성공했다. 또 테이핑이 근육의 움직임을 교정하여 치료한다는 것을 알고 나서 속옷과는 전혀 관련 없는 것을 힌트로 사용했다. 생각의 유연함이 중요하다는 것을 알 수 있는 대목이다.

내가 화장품 파운데이션의 광고 카피가 될 콘셉트를 결정하게 된 것도 비슷하다. 기존 제품의 설문조사 결과를 꼼꼼히 살펴본 결과 '사람들에게 칭찬받았다'는 표현을 발견했기 때문이다.

쿠도 씨도 카오에서 화장품을 담당했던 나처럼 본인과 관련 없는 제품을 개발하는 업무를 담당했다. 그런 경우에는 자신의 경험이나 직감만으로 제품을 만들 수 없기 때문에 고객의 소리에서 힌트를 찾아야 한다.

독자 여러분의 업무에도 힌트가 숨어 있을 것이다. 100원짜리 동전이 떨어졌다 생각하고 산책하면 정말로 동전을 주울 확률이 높아지듯이 힌트가 있다고 믿으면 더 잘 살펴보게 된다. 아이디어의 소재를 찾는 것도 마찬가지다.

우선 의식하는 것이 중요한데 그러한 의식만 있다면 강바닥에서 사금을 찾는 것도 가능할 것이다. 그 사금을 건지는 작업을 꼭 혼자서 하는 것은 아니다. 기업에서 신제품이나 새로운 서비스를 개발하는 것은 이 책에서 언급한 모든 사례에서처럼 팀 단위로 진행한다. 한 명의 천재가 뭔가를 창조하는 것이 아니라, 팀원들과 함께 어려운 문제와 씨름하면서 아이디어를 상품으로 만들어 세상에 내놓는 것이다.

크리나프의 디자이너 후지와라 씨도 운이 좋아 프로젝트 리더가 되어 이전까지 세상에 존재하지 않았던 새로운 주방가구를 만들어낸 것이 아니다. 팀원들과 토론하고 조사하고 고객의 실태를 살피는 과정에서 주방에 대형 수납장을 배치한다는 아이디어를 얻을 수 있었고 그 아이디어를 통해 이전까지 세상에 없었던 상품, 플로어 컨테이너를 만들어냈다.

팔리는 아이디어란?

기업 입장에서는 찾아낸 아이디어를 효과적으로 전달하기 위해서도 또 다른 아이디어를 내는 것이 중요하다. 플로어 컨테이너를 개발한 후지와라 씨는 영업사원들에게 새로운 제품을 알리는 것을 소홀히 하지 않았다. 또 세가에서 끊임없이 히트 게임들을 개발했던 바바 씨도 좋은 게임이 잘 팔리는 것은 아니기 때문에 계속해서 좋은 게임을 만들어내는 것보다 어떻게 하면 그 게임의 가치를 만들어내는가가 중요하다고 말한다.

기업에서는 많이 팔린 상품이 아이디어가 좋은 상품이라고 해석되는 경우가 많기 때문에 사업적으로도 성공을 시키는 것까지 고려해야 한다. 산토리의 카자마 씨가 입버릇처럼 이야기하던 '그래서?'가 그 때문에 중요하다. 상대방에게 쉽게 전달되도록 아이디어를 정리하고 그 아이디어들을 서로 연결하면 팔리는 아이디어가 된다.

아이디어를 구체화해 상품이나 서비스로 적용하기 위해서 기업은 각 분야 관계자를 끌어 모아야 한다. 단발적인 아이디어에 그치는 것이 아니라 그 아이디어에 연결고리를 갖게 해야 한다. 이때, 그 기업이나 업계의 성공 스토리를 참고로 할 수 있다. 이것은 산토리의 가자마 씨 사례에서도 알 수 있듯이 기업의 과거 성공 사례를 잘 정리하다 보면 자신의 아이디어를 연결하는 힌트나 뼈대를 발견할 수 있을 것이다.

물론 이 책에서 언급한 다른 사례들도 아이디어를 연결하는 힌트나 뼈

대가 될 것이라고 생각한다. 아이디어를 연결하기 위한 비결 중 하나가 같은 화제를 다른 시점에서 연결해보는 것이다.

조금 다른 비유나 시점을 넣는 것만으로도 신선한 분위기를 이끌어낼 수 있다. 산토리의 카자마 씨가 만든 우롱차 페트병은 플라스틱 소재인데 유리나 얼음 이미지를 넣은 것이고, 이에몬의 페트병은 대나무 물통이라는 은유 덕분에 색다르고 신선한 아이템이 되었다.

엉뚱한 것이 무조건 신선한 아이디어는 아니다. 예상을 약간 벗어난 정도의 새로운 것이 받아들이는 사람 입장에서도 인식하기 쉽다.

마지막으로 바바 씨가 게임 인터페이스 부분에서 했던 이야기를 기억하길 바란다. '좋은 인터페이스는 눈치 채지 못한다'라고 한 부분이다. 반대로 말하면, 아무런 생각 없이 받아들인 것이 있다면 그것이 어째서 그렇게 자연스럽게 내 사고에 자리 잡고 있는 것인지를 의식하며 생각하는 것이 중요하다는 대목이다.

성공한 사례를 많이 알고 있다는 것은 아이디어라는 황금알을 많이 가지고 있다는 것이다. 눈앞에 있거나 손에 쥐어줘도 자신의 머릿속에서 이해할 수 없다면 그것을 응용할 수 없다.

가루비의 야나이 씨처럼 아이디어 노트 작성을 훈련시키는 상사를 만나지 못했다면 무심코 지나쳐 버리는 일상 속에서나 업무에서 의식적으로 아이디어를 찾아내도록 노력해보자.

지은이 미사키 에이치로

경제경영서 전문작가이자 상품 개발 컨설턴트. 1996년 오사카 대학원 공학연구과 수료 후 카오 생산기술연구소에서 신제품 세제 개발을 담당하고, 메이크업연구소에서 소피나 파인핏 개발을 주도했다. 2006년부터 각종 마케팅 연구회를 운영하는 한편 신문, 잡지, 방송 등에서 아이디어와 마케팅에 관한 강연을 하고 있다. 저서로는 〈노트 3권의 비밀〉, 〈아이패드 바보〉 등 다수가 있다.

옮긴이 손민수

상명대학교 일어교육학과를 졸업하고 중앙대학교 대학원 석사에 이어 박사과정에 재학 중이다. 일본어학원 강사, 기업체 전문 통번역자로 활동했으며 지금은 삼성전자에서 프리랜서로 통번역 일을 하고 있다. 일본의 좋은 책들을 많은 사람들에게 소개하고 싶은 바람을 가지고 있다.

아이디어는
재능이아니다

지은이 미사키 에이치로
옮긴이 손민수

초판 1쇄 2014년 10월 1일 초판 3쇄 2016년 8월 31일
펴낸이 이진희 펴낸곳 리스컴 인쇄 금강인쇄(주)
주소 서울시 서초구 강남대로79길 2(은도빌딩 4층)
전화번호 (대표번호)02-540-5192 (마케팅)02-544-5934, 5944
       (편집)02-544-5922, 5933 / 540-5193
FAX 02-540-5194 등록번호 제 2011-000104

IDEA WA SAINOU DEWA UMARENAI by Eiichiro Misaki
Copyright ⓒ 2012 by Eiichiro Misaki
First published in Japan in 2012 by Nikkei Publishing Inc.
Korean translation rights arranged with Nikkei Publishing Inc.
through Shinwon Agency Co.
Korean translation rights ⓒ 2014 by Leescom Publishing Group

ISBN 979-11-5616-022-9 13190
값 12,000원